Os santos,
pedras de escândalo

Conheça nossos clubes

Conheça nosso site

- @editoraquadrante
- @editoraquadrante
- @quadranteeditora
- Quadrante

Copyright © 1997 by Ediciones Palabra, S.A.

Capa
Gabriela Haeitmann

Dados Internacionais de Catalogação na Publicação (CIP)

Cejas, José Miguel
Os Santos, pedras de escândalos / José Miguel Cejas;
tradução de Guilherme Sanches Ximenes — 3ª ed. —
São Paulo: Quadrante Editora, 2023.

ISBN: 978-85-7465-558-1

1. Santos cristãos - Biografia 2. Teologia I. Título

CDD—282.092

Índices para catálogo sistemático:
1. Santos : Igreja Católica : Biografia 282.092

Todos os direitos reservados a
QUADRANTE EDITORA
Rua Bernardo da Veiga, 47 - Tel.: 3873-2270
CEP 01252-020 - São Paulo - SP
www.quadrante.com.br / atendimento@quadrante.com.br

JOSÉ MIGUEL CEJAS

Os santos,
pedras de escândalo

3ª edição

Tradução
Guilherme Sanches Ximenes

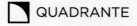

Sumário

Introdução 7

Ao longo da história 15

Contradições diversas 33

A «contradição dos bons» 37

A incompreensão de alguns eclesiásticos 57

Perante os tribunais eclesiásticos 81

Acusações de ex-membros 97

Difamações através de panfletos e na imprensa 107

Relacionamento com o poder público 119

As vocações jovens 127

O caráter dos santos 147

Epílogo 179

Apêndice: Resumos biográficos das principais
personagens mencionadas 183

Notas 213

Introdução

À memória de Grigio,
aquele cachorro (?) formidável,
oportuno e magnífico.

Gostaria de esclarecer aos leitores que se tenham surpreendido com a dedicatória que pus acima, que o *Grigio* não é nenhum animalzinho de estimação. É aquele cachorro grande, imponente, que aparecia em defesa de Dom Bosco sempre que este se encontrava em apuros, e que, pelo seu aspecto terrível, o Santo comparava a um lobo ou a um urso enfurecido*. *Grigio* tinha mais de um metro de altura e uma peculiaridade surpreendente: apresentava-se nos momentos mais oportunos — por exemplo, na iminência de um atentado contra o Santo — e desaparecia imediatamente depois, como por encanto. Quem era? Quando lhe

---

* *«Grigio»* significa «cinzento», pela cor do pelo. Dom Bosco alude a ele nas suas *Memórias do Oratório, Primeira Série, terceira década* (1846-1856), BAC, Madri, 1995, pp. 235-237. Referindo-se à natureza desse misterioso animal, diz Ghéon que «a Providência pode servir-se de um cão. Um anjo pode fazer surgir a sua forma. O mínimo que se pode dizer é que esse animal soube rastrear a santidade e colocar-se decididamente a seu favor» (N. do T.).

Os santos, pedras de escândalo

faziam essa pergunta, Dom Bosco, rindo, eludia a resposta.

Durante estes últimos anos, suspirei em algumas ocasiões pela poderosa presença do *Grigio*. Os ataques contra algumas figuras da Igreja têm aumentado e surgiram poucas vozes em sua defesa. Por outro lado, os atacados viram-se expostos com frequência a essa estranha situação em que o infamante deixa o agredido: a de ter que decidir entre calar-se e defender-se. Que atitude tomar? Aquele que opta por não se defender pode, com o seu silêncio, dar a impressão de estar admitindo a veracidade da calúnia; lá diz o ditado: «Quem cala, consente». E aquele que se defende dá ensejo a novas calúnias e escândalos jornalísticos, que são precisamente os efeitos que o agressor procura.

No entanto, os ataques sofridos por algumas figuras da Igreja contemporânea não são, do ponto de vista histórico, nenhuma novidade. Pessoalmente, muitas dessas acusações contra cardeais, bispos e instituições, fundadores etc., evocam-me velhas leituras escolares. Dois grandes santos foram atacados pelos seus contemporâneos com acusações semelhantes: São José de Calasanz e São João Bosco, fundadores dos dois colégios em que estudei — primeiro um colégio de escolápios, e depois um de salesianos —, instituições docentes das quais guardo tantas gratas lembranças, como também da Universidade de Navarra, onde cursei a faculdade e conheci o seu Fundador — mons. Josemaria Escrivá —, canonizado em 2002.

Introdução

Com o decorrer do tempo, fui conhecendo a vida de muitos homens e mulheres santos, e tive a possibilidade de relacionar-me com personagens contemporâneos que possivelmente vejamos sobre os altares no futuro. Reparei que todos, de um modo ou de outro, tiveram que morder o amargo fruto da calúnia, da incompreensão ou do escândalo. Um elementar sentido de justiça histórica moveu-me, pois, a empreender a tarefa — ingrata, mas muito necessária — de analisar e comparar as diversas contradições que alguns santos tiveram de sofrer ao longo dos tempos.

Felizmente, aquelas antigas hagiografias que nos apresentavam os santos envoltos num halo de luz, caminhando pacificamente em direção à beatitude, por entre a admiração e o aplauso dos seus contemporâneos, descansam há muito entre as teias de aranha das bibliotecas. Bem merecida é essa letargia, pois não só falseiam a verdade histórica, como desvirtuam o próprio conceito de santidade.

Passou o tempo das «lendas douradas»: é necessário mostrar agora que os santos de todas as épocas jamais caminharam como anjos alados sobre nuvens de purpurina, mas tiveram que lavrar a sua santidade dia após dia, passo a passo, por entre dificuldades e tropeços. Caíram e levantaram-se uma vez e outra, entre barrancos e pântanos; feriram-se — porque eram homens — de encontro às pedras das misérias humanas e dos seus próprios defeitos e limitações; e suportaram por amor a Deus — porque eram santos —, até chegarem ao heroísmo, a poeira

Os santos, pedras de escândalo

que os contemporâneos levantaram ao seu redor, com os seus insultos e calúnias.

É possível que, ao referirmos essas acusações contra os homens e mulheres santos, um ou outro leitor se deixe impressionar por alguma delas. É compreensível: a calúnia joga astutamente com essa tendência do homem a conceder pelo menos uma ponta de razão ao ofensor, de acordo com o conhecido ditado: «Onde há fumaça, há fogo». Mas, às vezes, só há mesmo fumaça: murmuração, intrigas, despeito, trapaças e, com frequência, interesses inconfessáveis. E os católicos conhecem o rigor e a prudência que caracterizam a autoridade da Igreja quando se dispõe a elevar os seus fiéis aos altares. Porque, por maior que seja a devoção popular por determinada pessoa, por mais difundida que esteja a fama das suas virtudes, antes de reconhecer publicamente a sua santidade — isto é, antes de propor essa pessoa como objeto de culto e intercessão —, a Igreja procede a uma minuciosa investigação sobre a sua vida, ao longo da qual, entre outras questões, se analisam com grande rigor todas e cada uma das imputações, acusações, denúncias etc., que os seus inimigos lhe fizeram em vida.

A causa de beatificação de São José de Calasanz é um exemplo entre muitos. Como a sombra da calúnia tende tristemente a alongar-se, muitas das falsidades que se disseram contra esse Santo em vida, perseguiram-no após sua morte, e a Igreja teve que ir esclarecendo-as, uma por uma, ao longo de um

Introdução

processo que durou um século. Um estudioso que analisou detidamente todas as peripécias desse complicado processo afirma com razão que «o caminho que leva à verdadeira santidade é estreitíssimo e as biografias dos santos no-lo provam abundantemente. Mas não é menos difícil, estreita e complicadíssima, a senda estabelecida pela Igreja para, numa espécie de peregrinação póstuma, conduzir os santos aos altares, a fim de receberem legitimamente o culto público que lhes é destinado»*.

Peço desculpas a todos aqueles a quem possa aborrecer esta tarefa de exumação histórica. Já muito tiveram que suportar em vida essas mulheres e homens de Deus — poderiam argumentar esses leitores —, para que venhamos agora arejar de novo toda essa podridão! Infelizmente, o conjunto das acusações e calúnias que se lançaram sobre os santos compõe, com o passar dos séculos, um belo cortejo de imundícies. Para que trazer à luz mais uma vez esse conjunto malcheiroso de falsidades, insultos e intrigas?

Ao escrever estas páginas, não foi meu propósito exumar morbidamente velhas calúnias — cuja falsidade, na maioria dos casos, foi comprovada há séculos —, mas apenas voltar a pôr de manifesto a atitude heroica dos santos diante dessas contradições.

---

* Severino Giner Guerri, *El Proceso de Beatificación de San José de Calasanz*, ICCE, Madri, 1973, pp. 397-8. Este estudo foi o primeiro a expor, em toda a sua complexidade e de um modo rigorosamente documentado, o desenrolar de um processo de beatificação «no qual se pode verificar» — como conclui o autor — «a extrema severidade e a suma prudência da Igreja Romana, quando se trata de coroar solenemente os seus filhos com a auréola dos Santos».

Além disso, por mais graves que tenham sido, todas essas acusações não conseguiram empanar, antes pelo contrário, a figura excelsa dos homens e mulheres de Deus; debaixo de todas as misérias lançadas sobre os seus rostos, a sua imagem mostra-se aos nossos olhos ainda mais nobre e digna, mais amável e atrativa.

Na verdade, é graças a essas perseguições que neles resplandece — como se afirmou recentemente — «ainda mais o heroísmo a que chegaram na sua luta por identificar-se com Cristo. O lixo que alguns homens do seu tempo lhes jogaram foi o adubo que os levou a atingir a plenitude da vida cristã; e, paradoxalmente, faz dos santos um irresistível polo de atração que arrasta para Cristo muitos homens e mulheres de todos os tempos»[1].

Santo Afonso Maria de Ligório recordava que «quem quiser ser glorificado como os santos tem, como eles, de sofrer na terra, pois não houve nenhum que tivesse sido bem tratado pelo mundo; todos foram perseguidos e desprezados, cumprindo-se neles o que diz o Apóstolo: *Todos os que querem viver piedosamente em Cristo Jesus serão perseguidos* (2 Tim 3, 12)»[2].

«Os santos» — dizia Paulo VI na cerimônia de beatificação de Santa Beatriz da Silva — «constituem sempre uma provocação para o conformismo dos nossos costumes, que com frequência julgamos prudentes simplesmente por serem cômodos. O radicalismo do testemunho dessas figuras heroicas vem a ser uma sacudidela para a nossa preguiça e

Introdução

um convite para que descubramos certos valores esquecidos»*.

Espero que o leitor sinta o mesmo que senti ao redigir estas páginas, e que, ao contemplar a atitude dessas mulheres e homens de Deus em face da perseguição e da calúnia, cresça a sua veneração por eles. Este foi o meu único desejo.

O AUTOR

---

* Paulo VI, *Homilia na beatificação de Santa Beatriz da Silva*, 3 de outubro de 1976. Infelizmente, não dispomos de espaço suficiente para dar a conhecer mais detalhadamente um pouco da vida e das obras de muitos dos santos cujos contratempos se citam neste livro. Naturalmente, chegar-se-ia a uma imagem deformada e caricaturesca desses santos se se pensasse que toda a sua vida se esgota nas dificuldades específicas que relatamos aqui. Por essa razão, escolhi figuras muito conhecidas do povo cristão, cuja vida e obras a serviço da Igreja dispensam, na maioria dos casos, informações mais detalhadas.

Para maior facilidade, acrescenta-se em apêndice, nesta edição, um breve resumo biográfico dos santos ou personalidades da Igreja estudados nesta obra.

Ao longo da história

«Crucifica-o!»

Possivelmente, uma das passagens mais desconcertantes do Evangelho é aquela em que se relata o plebiscito popular sobre Jesus. Mateus começa por narrar-nos os antecedentes: *Os príncipes dos sacerdotes e todo o Sinédrio procuravam um falso testemunho contra Jesus a fim de o levarem à morte; mas não o conseguiram, embora se apresentassem muitas falsas testemunhas. Por fim, apresentaram-se duas testemunhas que disseram: «Este homem afirmou: Posso destruir o templo de Deus e reedificá-lo em três dias»* (Mt 26, 59-61).

Até aqui, infelizmente, tudo é compreensível: entende-se que, pelo poder do dinheiro, dois caluniadores a soldo prestem declarações falsas diante de um tribunal; entende-se que, por despeito, por inveja, por ambição, haja juízes iníquos e corruptos: são realidades que se deram — e que continuarão a dar-se — ao longo de toda a história da humanidade. O que custa entender, o que é verdadeiramente desconcertante, é a ira que esse homem inocente provoca em pessoas que tinham tantos motivos para lhe estarem agradecidas, e a inesperada simpatia que demonstram por um criminoso como Barrabás.

Esse furor desconcertou também o procurador romano, ainda que soubesse — diz o Evangelho — *que o haviam entregado por inveja.*

Não houve, entre todo o povo, nem uma vacilação, nem uma voz discordante. «*Qual dos dois quereis que vos solte?*» *Eles responderam: «Barrabás!*» *Pilatos perguntou-lhes: «Que farei então de Jesus, que é chamado Cristo?*» *Todos responderam: «Crucifica--o!*» *O governador tornou a perguntar-lhes: «Mas que mal fez ele?*» *Eles, porém, gritavam ainda mais alto: «Crucifica-o!*» (Mt 27, 21-23).

A cena — por mais que o evangelista nos explique que *os príncipes dos sacerdotes e os anciãos persuadiram o povo a pedir a libertação de Barrabás e a condenação de Jesus à morte* (Mt 27, 20) — continua a ser incongruente. Essas multidões haviam-se beneficiado dos milagres de Jesus; muitos daqueles homens haviam-no seguido pelos campos da Judeia; e possivelmente eles, ou as suas mulheres, ou os seus filhos, tinham-lhe atapetado o chão com os seus mantos, poucos dias antes, quando entrara triunfalmente em Jerusalém.

Nem as pesquisas históricas e sociológicas que se fizeram sobre a mentalidade da sociedade judaica, nem as análises da moderna psicologia de massas, conseguem explicar de um modo definitivo essa trágica incoerência de atitudes, esse «*Crucifica-o!*» irracional e furioso. Porque não houve *um* sequer que levantasse a voz para defendê-lo. Essa ira quase irracional ultrapassa a fronteira da lógica humana: adentra-se no mistério do mal, nesse *mysterium iniquitatis* que envolveu a vida terrena de Jesus e que, a partir de então, não cessou de envolver a vida dos santos.

Ao longo da história

As acusações que se foram escutando ao longo da história da Igreja contra os homens e mulheres de Deus são um eco longínquo desse terrível «*Crucifica--o!*», e as suas consequências são as mesmas: a crucifixão, física ou moral, dos seguidores de Cristo. Não há razão para admirar-se; o próprio Jesus o anunciou claramente: *Se o mundo vos odeia, sabei que primeiro me odiou a mim* (Jo 15, 18).

A predição evangélica foi-se cumprindo inexoravelmente século após século. Como a de Jesus, a presença dos santos foi sempre um sinal inquietante e muitas vezes incômodo para os seus contemporâneos. Eis por que todos os homens de Deus experimentaram, de um modo ou de outro, a solidão, a incompreensão ou a infâmia; a perseguição, a calúnia ou o desprezo; a Cruz, numa palavra. «Estes são os que de geração em geração seguiram Cristo» — recordava João Paulo II na cerimônia de beatificação de Josemaria Escrivá e Josefina Bakhita —: «através de muitas tribulações entraram no reino de Deus»[1].

A incompreensão, a calúnia, o desprezo: habitualmente, esse é o caminho pelo qual os homens e mulheres de Deus se unem ao sacrifício do Calvário, junto de um Jesus que morreu também como fruto de numerosas calúnias e oposições.

Os primeiros cristãos

Os seguidores de Jesus foram percorrendo esse caminho doloroso desde o primeiro século da história do cristianismo. «Bem pode o cristão viver como todo

Os santos, pedras de escândalo

o mundo» — afirma Hamman, ao descrever a vida dos primeiros cristãos —, «frequentar as termas e as basílicas, exercer os mesmos ofícios que os outros, que sempre o fará com um espírito diferente, e às vezes até atuará com reservas. A sua fé é tachada de fanatismo; a sua irradiação, de proselitismo; a sua retidão, de censura aos outros»[2].

A princípio, corre apenas um rumor, um murmúrio tênue. «Circulam os mexericos mais inverossímeis, que aliás são um espelho da sociedade que os faz, uma projeção dos seus próprios vícios sobre os cristãos», recorda Hamman[3]. Mas os mexericos transformam-se rapidamente em denúncia pública; e destas chega-se às perseguições encarniçadas.

As primeiras perseguições anticristãs foram uma explosão de ódio desconcertante e desproporcionada, que ainda hoje é difícil explicar satisfatoriamente do ponto de vista histórico, em todos os seus excessos[4]. Começaram muito cedo, na segunda metade do século I, mas nem todas tiveram as mesmas características. No século II, os cristãos foram perseguidos como pessoas privadas, e só na primeira metade do século III é que o objetivo foi já a Igreja como instituição. No início, foi uma perseguição irregular e pouco organizada, mas poucos anos depois era uma repressão sangrenta e ferozmente sistemática, que ceifou milhares de vidas. Ainda que não possuamos cifras globais, numerosas atas autênticas dos martírios revelam documentadamente o heroísmo dos primeiros confessores da fé e a refinada brutalidade das torturas a que foram submetidos.

18

Ao longo da história

«Nas províncias eclesiásticas da Capadócia e do Ponto» — escreve Hubert Jedin, ao relatar a perseguição desencadeada por Diocleciano —, «os cristãos perseguidos foram entregues a verdugos de tão agುçado engenho que arrancar um olho às suas vítimas ou paralisar-lhes a perna esquerda com ferro incandescente era por eles considerado, sarcasticamente, como trato humanitário, e competiam entre si na invenção de novas brutalidades. Quando se verificou que os habitantes de uma pequena cidade frígia eram todos cristãos, atearam fogo nela com todos os seus moradores. Na sua *História eclesiástica*, Eusébio de Cesareia transcreve o relato do bispo mártir Fileias de Têmuis sobre o requinte das torturas empregadas no Egito, que exploravam todas as possibilidades técnicas da época»[5].

As torturas que se descrevem nas *Atas dos Mártires* roçam o inverossímil. Com frequência, surge no leitor a dúvida de que algum homem tenha alguma vez sido capaz de tamanha crueldade. Mas essa dúvida dissipa-se — como indica Jedin, que conheceu os horrores das guerras contemporâneas — se recordarmos «acontecimentos recentes de um passado recentíssimo»[6]...

«*Felizes sereis...*»

A atitude dos cristãos diante das perseguições surpreendia profundamente os pagãos dos primeiros séculos. Aqueles homens de fé, longe de considerá-las um mal, recebiam-nas como a bem-aventurança

Os santos, pedras de escândalo

predita no Evangelho: *Felizes sereis quando vos insultarem e perseguirem, e disserem toda a espécie de calúnias contra vós por minha causa* (Mt 5, 11-12).

Na atualidade, essa atitude — nascida do paradoxo cristão que leva a encontrar a felicidade na Cruz e a paz na perseguição — continua a surpreender também aqueles que se reconhecem «membros de uma sociedade pós-cristã»: uma sociedade que se autoproclama pluralista e tolerante, mas na qual não falta frequentemente a animadversão mais ou menos disfarçada contra a Igreja e contra tudo o que diz respeito à religião.

É algo que continua a surpreender, porque, desde os primeiros cristãos até aos nossos dias, de um modo ou de outro, a Igreja nunca deixou de sofrer perseguições. Basta recordar — para nos limitarmos aos últimos séculos — o calvário a que foi submetida nos países asiáticos de missão, os episódios sangrentos da Revolução Francesa ou os ataques sofridos pela Companhia de Jesus ao longo da sua história. «As contradições que houve e que há» — escrevia Santo Inácio de Loyola a Pedro Camps — «não são coisa nova para nós; antes, pela experiência que temos de outros lugares, tanto mais esperamos que se sirva a Cristo Nosso Senhor nessa cidade, quanto mais estorvos colocar aquele que sempre tenta impedir o seu serviço»[7].

«Não é nosso propósito» — lê-se em um manifesto de uns pais de família mexicanos em defesa da Companhia de Jesus, datado de 1855 — «debater agora a questão que se agita há séculos no mundo sobre

Ao longo da história

o instituto da Companhia de Jesus. A permanência dessa questão por tão longo período de tempo, o calor com que foi acompanhada, a qualidade das pessoas que nela tomaram parte, prova sem dúvida que há nesse instituto algo de verdadeiramente grande e que ultrapassa os moldes normais; e quando se chega a essa conclusão, deixa de parecer estranho que os jesuítas tenham tido tão notáveis e destacados adversários; porque, que instituição de elevado caráter houve jamais na terra que não fosse alvo de duras contradições?»[8]

O nosso século foi especialmente pródigo em perseguições contra a Igreja; e, entre elas, foram particularmente virulentas as que se promoveram em países dominados por sistemas de inspiração totalitária. Os nomes de Maximiliano Kolbe ou Edith Stein — mortos em campos de concentração — estão ligados para sempre à perseguição nazista; e as figuras do cardeal-primaz da Hungria Jozsef Mindszenty e do primaz da Polônia Stefan Wyszynski evocam todos os padecimentos da Igreja atrás da Cortina de Ferro, nos países comunistas.

Uma das mais violentas perseguições europeias de raiz marxista foi a que sofreu a Igreja Católica na Espanha de maio de 1931 a março de 1939. «Durante os cinco meses do governo da Frente Popular» — escreve Cárcel Orti —, «várias centenas de igrejas foram incendiadas, saqueadas ou atingidas por diversos assaltos; algumas foram expropriadas pelas autoridades civis e revistadas ilegalmente pelos órgãos municipais. Várias dezenas de sacerdotes

21

Os santos, pedras de escândalo

foram ameaçados e obrigados a abandonar as suas paróquias, outros foram expulsos de forma violenta; várias casas reitorais foram incendiadas e saqueadas e outras passaram para as mãos das autoridades locais; a mesma sorte correram alguns centros católicos e numerosas comunidades religiosas; em alguns povoados de diversas províncias, impediu-se ou limitou-se a celebração do culto, proibindo-se o toque dos sinos, a procissão com o viático e outras manifestações religiosas; também foram profanados alguns cemitérios»[9].

Em muitos dos seus extremos, essa perseguição repetiu tristemente as medidas de sempre: expulsaram-se os jesuítas, aboliu-se o ensino religioso, e o ateísmo virulento chegou a provocar situações ridículas que recordavam cenas dos séculos anteriores: «Houve professores que exigiam a saudação: "Não há Deus", à qual se devia responder: "nem nunca houve"»[10].

Com a eclosão da Guerra Civil, a perseguição tornou-se especialmente sangrenta. As vítimas eclesiásticas foram 6.832, desde o dia em que começou o conflito, 18 de julho de 1936, até o fim da guerra. Desse total, 4.184 pertenciam ao clero secular, incluídos doze bispos, um administrador apostólico e vários seminaristas; 2.365 eram religiosos e 283 religiosas. A estas cifras devem-se acrescentar as dos milhares de leigos, homens e mulheres, que morreram pelo simples fato de se terem declarado católicos[11].

Ao longo da história

Uma dificuldade a mais

No que diz respeito às cifras e dados históricos, a historiografia contemporânea conta com estudos rigorosos e com uma abundante bibliografia sobre grande parte das perseguições sofridas pela Igreja. No entanto, às vezes, os pesquisadores deparam com uma dificuldade que procede, curiosamente, da própria vontade dos atingidos. Por exigências da caridade, muitos santos sofreram em silêncio as ofensas e os ultrajes, e, sobretudo no caso dos fundadores, muitos deles proibiram os seus discípulos até mesmo de darem a conhecer o nome daqueles que os difamaram. Isto explica que muitas hagiografias não mencionem o nome dos perseguidores senão depois de ter transcorrido um certo tempo prudencial, por exemplo um século.

No entanto, apesar desse esforço dos santos por apagar a memória das ofensas, num exercício heroico de caridade e de perdão, na maioria dos casos os historiadores conseguem descobrir, não sem dificuldade — como no caso de São João Batista de la Salle —, a identidade dos caluniadores[12]. Poderíamos citar vários exemplos disso nas autobiografias ou nas biografias próximas do falecimento de Santa Micaela, do São Pedro Poveda, de São João Bosco e de tantos outros.

São João de Ávila é um exemplo paradigmático. Quando se encontrava preso por ordem da Inquisição de Sevilha, como resultado de umas denúncias falsas, o Santo insistiu vivamente com o pe. Párraga, um dos seus inquisidores, em que apagasse os nomes dos que tinham testemunhado contra ele[13]. Estava «muito confiante em Deus e na sua inocência, e em que Ele o salvaria», e não queria que a história conhecesse o pecado que tinham cometido contra ele.

Da mesma maneira que o seu homônimo de Ávila, São João da Cruz desculparia sempre os que o recluíram num cárcere improvisado e o submeteram a inúmeros vexames: «Faziam-no» — comentava o Santo, compreensivo — «por pensar que acertavam». Um companheiro seu diz que «jamais o ouvi queixar-se de alguém ou falar mal dos que o haviam tratado assim»[14].

A atitude dos Santos

Essa é a atitude dos santos diante das difamações. «As ofensas e injúrias» — escrevia Santo Afonso Maria de Ligório — «são as delícias que os santos anelam. São Filipe Neri sofreu na sua casa de San Girolamo, em Roma, trinta anos de maus tratos por parte de alguns dos que moravam com ele, razão pela qual não queria abandoná-la e ir viver no novo Oratório da Chiesa Nuova, onde residiam os seus queridos filhos, que o convidavam a mudar-se para lá com eles». Os santos estão convencidos — como recorda Santo Afonso — de que «todos os sofrimentos nos vêm das mãos de Deus, e também, indiretamente, através dos homens. Portanto, sempre que nos vejamos atribulados, agradeçamo-lo ao Senhor e aceitemos de ânimo alegre tudo o que Ele quiser

Ao longo da história

dispor para nosso bem. Deus faz concorrer todas as coisas para o bem dos que o amam»[15].

«Jesus caluniado como agitador» — escrevia o futuro João XXIII, nas suas anotações pessoais, antes de se ordenar sacerdote —, «tachado de ignorante, tendo as suas doutrinas falseadas, exposto aos escárnios e zombarias de todos, cala-se humildemente, não confunde os seus caluniadores, deixa-se espancar, cuspir no rosto, açoitar, tratar como louco, e não perde a serenidade, não rompe o seu silêncio. Portanto, permitirei que digam de mim quanto quiserem, que me releguem ao último lugar, que desprezem as minhas palavras e as minhas obras, sem dar explicações, sem procurar desculpas, sem dizer uma palavra, antes aceitando gozosamente as censuras que me possam vir dos meus superiores»[16].

Entre as diversas tribulações suportadas pelos santos, talvez as mais surpreendentes tenham sido as que sofreram, entre outros, São João Batista de la Salle, a Bem-aventurada Joana Jugan e Santa Rafaela Maria do Sagrado Coração.

Em fins de 1702, São João Batista de la Salle foi protagonista de um episódio particularmente doloroso: atribuíram-lhe falsamente erros alheios e, após um processo tortuoso, destituíram-no do cargo de Superior dos Irmãos da Doutrina Cristã, congregação que tinha fundado. Na sua biografia sobre o Santo, Saturnino Gallego analisa os diversos passos de uma insídia armada por certas pessoas que mal conseguiam esconder, além da incompreensão,

Os santos, pedras de escândalo

o desejo de influir no governo e na direção dos Irmãos: «Pelo que pude averiguar, o seu grande pecado» — escrevia La Grange, referindo-se ao Santo — «foi que não se deixava governar pelo pároco de Saint-Sulpice»[17].

São João Batista de la Salle aceitou imediatamente a destituição; mas os Irmãos não, e o Santo não conseguia convencê-los. Depois de muitas humilhações e vergonhas para o Fundador, chegou-se a uma solução curiosa: La Salle continuaria como Superior e a pessoa que fora nomeada para substituí-lo ficaria como Superior oficial, ainda que «externo». Na prática, esse «Superior oficial externo» só fez ato de presença uma vez em três meses e depois não voltou a aparecer[18].

O que na vida de La Salle foi apenas um episódio, ocupou quase toda a existência da Bem-aventurada Joana Jugan. Depois de essa mulher ter fundado o que viriam a ser as Irmãzinhas dos Pobres, e de se ter dedicado ao longo de doze anos a uma intensa atividade apostólica, foi despojada de todos os seus cargos e relegada a um canto durante vinte e seis anos, até que morreu.

Joana Jugan havia sido reeleita pela comunidade como superiora a 8 de dezembro de 1843, mas um sacerdote, o pe. Le Pailleur, dois dias antes do Natal desse mesmo ano, anulou a eleição e escolheu como superiora uma religiosa de 23 anos. Mais ainda: ele próprio se colocou no lugar de Joana como Fundador da Congregação e procedeu a uma surpreendente

Ao longo da história

«reescritura» e falsificação da história da fundação, tentando fazer crer a todos que Joana tinha sido a terceira religiosa a incorporar-se. A falsificação estendeu-se ao próprio túmulo: quando Joana morreu, em 1879, escreveu-se sobre a lápide, ao lado do seu nome: «terceira Irmãzinha dos Pobres».

Postergada, humilhada, injustamente esquecida, Joana Jugan não teve nunca nenhuma reação de rancor. «Nunca a ouvi proferir» — recorda-se uma religiosa — «a menor palavra que fizesse supor que tinha sido a primeira Superiora Geral. Falava com tanto respeito, com tanta deferência, das nossas primeiras *boas Madres!* Fazia-se tão pequena, era tão respeitosa para com elas...»*

Essa foi também a atitude de Santa Rafaela Maria, uma das Fundadoras do Instituto das Escravas do Sagrado Coração de Jesus, que, sob a alegação de que tinha ficado louca, foi deposta de todos os cargos de governo, após dezesseis anos como Fundadora e Superiora Geral da sua Congregação. A Santa viveu assim até a morte: foram trinta e dois anos de

---

* P. Milcent, *Juana Jugan. Humilde para amar*, Herder, Barcelona, 1982, cap. «Una asombrosa mistificación». Para entender a atitude de Joana Jugan, é preciso considerar, como esclarece G.-M. Garrone, que a Fundadora sabia «que a barca estava em boa rota; a eleição da Superiora que a substituiu no ofício, apesar do voto das Irmãs, não lhe pareceu contrária ao bem da comunidade e dos anciãos a quem tinham de servir» (cf. G.M. Garrone, *Lo que creía Juana Jugan*, Herder, Barcelona, 1980, pp. 86-87). A Fundadora contemplou ao longo da sua vida um grande desenvolvimento da Congregação; poucos anos antes de falecer, a sua obra contava com mais de 100 casas em diversos países e com 2.400 religiosas. A verdade foi esclarecida pouco depois da morte da Fundadora e do pe. Le Pailleur (1880), por um inquérito levado a cabo pela Santa Sé.

Os santos, pedras de escândalo

«aniquilação progressiva e de martírio na sombra», como diria Pio XII no dia da sua beatificação[19].

Diante dessas contradições, Santa Rafaela conservou sempre «uma grande serenidade de espírito, manifestada no olhar límpido e no seu característico sorriso nos lábios», como afirmava o seu diretor espiritual, um religioso jesuíta que ignorava que aquela humilde freira espiritualmente dirigida por ele fosse a Fundadora[20]. Não houve nela o menor movimento de crítica. «Eu bendigo cada dia mais a minha inutilidade» — dizia —; «oxalá acabe de conseguir que ninguém se lembre de mim»[21].

«Calar-se, rezar, trabalhar, sorrir»

«Como se consolam os santos quando são injuriados» — escrevia Santo Afonso Maria de Ligório —, «recordando as ignomínias que Jesus Cristo padeceu por nós!»[22] Na sua velhice, Santo Afonso teve de aplicar essas palavras à sua própria vida. Quando voltou de Santa Águeda, diocese da qual fora nomeado bispo pelo Papa, descobriu que «a Congregação atravessava uma crise profunda. Havia rivalidades, intrigas e ambições, e na própria Cúria Romana corria um processo em que os cismáticos tinham todas as possibilidades de triunfar. O próprio Fundador estava em perigo: acusavam-no de ter mudado as Constituições do Instituto, de se ter deixado enganar pelo regalismo dominante, de ter feito mais caso da corte de Nápoles que da autoridade pontifícia. E chegou a sentença de

Pio VI: Afonso e os seus companheiros mais fiéis eram separados da Congregação.

«Ao receber a notícia, só disse estas palavras: "Há seis meses que faço esta única oração: Senhor, o que Vós quiserdes, eu também o quero". Mas a sua consciência era tão delicada, que pensou em empreender uma longa viagem para manifestar a sua submissão ao Papa». Isso provocou o espanto dos que o rodeavam porque, à sua idade, não era capaz nem de manter-se em pé[23].

«Deixo a Deus que me defenda» — comentava Santa Maria Micaela, conhecida como a «Madre Sacramento», quando ouvia os bispos fazerem-se eco das calúnias que se propalavam contra ela —, «porque, se eu o faço, tiro-Lhe o direito de o fazer, e eu confio mais na sua defesa que na minha»[24].

«Nesse ano [1864]» — escrevia Santo Antonio Maria Claret ao seu diretor espiritual — «fui muito caluniado e perseguido por todo o tipo de pessoas, pelos jornais, por folhetos, livros arremedados, fotografias e muitas outras coisas, e até pelos próprios demônios. Às vezes, a minha natureza ressentia-se um pouquinho; mas sossegava logo e resignava-me e conformava-me com a Vontade de Deus. Contemplava Jesus Cristo, e via quão longe estava de sofrer o que Ele sofreu por mim, e assim me tranquilizava. Nesse mesmo ano, escrevi o livrinho intitulado *O consolo de uma alma caluniada*»[25]. «O senhor não pode fazer ideia» — escrevia ao pe. José Xifre, no dia 15 de janeiro de 1864 — «de quanto trabalha o inferno contra mim: calúnias as mais atrozes,

Os santos, pedras de escândalo

palavras, ações, ameaças de morte; servem-se de tudo para ver como me desprestigiam e espantam; mas, com a ajuda de Deus, não dou importância a nada disso»[26].

A atitude dos santos nessas circunstâncias dolorosas poderia resumir-se no conselho que o Fundador do Opus Dei dava aos membros dessa instituição, genuinamente laical e secular: «Calar-se, rezar, trabalhar, sorrir». «Não vos esqueçais» — dizia-lhes São Josemaria Escrivá — «de que estar com Jesus é, com toda a certeza, encontrar-se com a sua Cruz. Quando nos abandonamos nas mãos de Deus, é frequente que Ele permita que saboreemos a dor, a solidão, as contrariedades, as calúnias, as difamações, as zombarias, por dentro e por fora; porque nos quer conformar à sua imagem e semelhança, e tolera que nos chamem loucos e nos tomem por néscios»[27].

«Nunca ouvi dele» — dizia D. García Lahiguera, arcebispo de Valência, a propósito das difamações que, como tantos outros santos, São Josemaria Escrivá teve que sofrer — «nem uma palavra de mau humor, nem frases ofensivas, nem sequer queixas»[28]. «Contei-lhe algumas vezes» — escrevia D. Cantero Cuadrado, arcebispo de Saragoça — «os falatórios sem fundamento que alguns vinham difundindo. A sua reação foi, como era de esperar, inteiramente sobrenatural. Doía-lhe, sem dúvida, que almas boas gastassem as suas energias fazendo o mal, mas aceitava-o como algo permitido por Deus: "É coisa que Deus permite" — dizia —, "e Ele se encarregará a seu tempo de remediá-la"»[29].

Ao longo da história

«Rir-se deles e deixá-los falar»

«O melhor é rir-se deles e deixá-los falar», dizia Santa Teresa de Ávila a uma das suas monjas a respeito daqueles que a atacavam[30]. A Santa louvava o Senhor por essas perseguições que permitia contra as carmelitas. «O Espírito Santo seja com Vossa Paternidade, meu Padre» — escrevia ao pe. Gracián* —, «e dê-lhe forças para superar esta batalha, que poucos há agora em nossos tempos que com tanta fúria permita o Senhor que os acometam os demônios e o mundo. Bendito seja o seu nome, que quis que Vossa Paternidade merecesse tanto e tão junto»[31].

Contudo, apesar de terem sofrido tantos desgostos, os santos foram, no meio dos seus sofrimentos, profundamente felizes, porque souberam encontrar na Cruz o amor de Deus. «Desejai sofrer injúrias» — aconselhava Santo Inácio ao pe. Nadal como meio de santificação —: «trabalhos, ofensas, vitupérios, ser tido por louco, ser desprezado por todos, ter cruz em tudo por amor de Cristo Nosso Senhor»...[32]

«Senhor» — pedia Santa Teresa —, «ou morrer ou padecer; não Vos peço outra coisa para mim»[33]. E São João da Cruz, em confidência ao seu irmão Francisco de Yepes, contava que um dia o Senhor lhe dissera que lhe daria o que quisesse, por um serviço que o Santo Lhe havia prestado.

---

* O pe. Jerônimo Gracián de la Madre de Dios (1546-1614) foi durante vários anos o «braço direito» da Madre Teresa de Jesus na reforma do Carmelo. Sobre ele recaíram as iras de todos os inimigos da reforma e, em 1592, chegou a ser expulso da Ordem (N. do T.).

Os santos, pedras de escândalo

«Eu disse-Lhe: "Senhor, quero que me deis trabalhos para padecer por Vós e que seja menosprezado e tido em pouco"»[34].

Essas atitudes explicam-se a partir de uma lógica sobrenatural: mais que a ofensa pessoal, o que dói a esses santos é a ofensa a Deus que esses ataques representam. Porque, como recorda Santa Teresa, «essa ofensa primeiro se faz a Deus que a mim, porque, quando chega a mim, o golpe já está dado a essa Majestade pelo pecado»[35].

Esse o motivo pelo qual a Santa de Ávila não queria lamentos do tipo «tive razão», «pensaram que eu não tinha razão», «não teve motivo nenhum para fazer isso comigo». «Das más razões livre-nos Deus» — escrevia energicamente —. «Parece que havia razão para que o nosso bom Jesus sofresse tantas injúrias como as que lhe foram feitas, e tantas coisas sem razão?»[36]

Contradições diversas

Por que contra os Santos?

Por que as maledicências se dirigem principalmente contra os homens santos, se se podem encontrar no seio da Igreja — que é de origem divina, mas composta por homens — todas as misérias humanas imagináveis? Seria mais lógico que fossem alvo das críticas todos esses cristãos — corruptos, falsários, cruéis, imorais, perversos... — que desonram com os seus atos a fé recebida no batismo.

Sem a pretensão de desentranhar totalmente o mistério, podemos vislumbrar algumas das razões dessa sanha histórica contra os santos se refletirmos sobre a função que desempenham no seio da Igreja.

«O escândalo» — diz Romano Guardini — «é a expressão violenta do ressentimento do homem contra Deus, contra a própria essência de Deus, contra a sua santidade. No mais profundo do coração humano dormita, junto com a nostalgia da fonte eterna, a rebeldia contra o próprio Deus, o pecado na sua forma mais elementar, que está à espreita de uma ocasião propícia para entrar em ação.

«Mas o escândalo raramente se apresenta em estado puro, como ataque aberto contra a santidade divina em geral; oculta-se tomando por alvo um homem de Deus: o profeta, o apóstolo, o santo, o homem profundamente piedoso. Há algo em nós que não suporta a vida do santo, que se revolta contra ela, procurando como pretexto as imperfeições próprias de todo o ser humano, os seus pecados, por exemplo. "Esse não pode ser santo!" Ou, então, anda à cata das suas debilidades, malevolamente aumentadas pelo olhar oblíquo dos que o desprezam... Numa palavra, o pretexto baseia-se no fato de o santo ser um homem finito.

«A santidade, no entanto, apresenta-se mais insuportável e é objeto de maiores oposições e recusas intolerantes na "pátria dos profetas". Como se pode admitir que seja santo um homem cujos pais se conhecem, que vivem na casa ao lado, que deve ser "como os outros"? O escândalo é o grande adversário de Jesus»[1].

Como lembra José Luís Illanes, a Igreja «tal como ela se entende a si mesma, não é um simples grupo de crentes que mantêm viva ao longo dos séculos a memória de Cristo, mas uma comunidade que participa da vida de Cristo e que, em Cristo e por Cristo, tem acesso à intimidade com Deus, isto é, à santidade. E a história da Igreja não é senão, na sua substância última, a história da santidade realizando-se no tempo. Por isso se pôde dizer que a história cristã deveria ser escrita e estruturada a partir da história dos seus santos: os fatos decisivos da história da Igreja não são as grandes gestas culturais ou os confrontos entre umas civilizações e outras, nem ainda as construções dos grandes templos ou a

Contradições diversas

celebração dos Concílios de alcance universal, mas a real e efetiva promoção da santidade»[2].

A partir desta perspectiva teológica, entende-se melhor que qualquer ataque contra a Igreja asseste as baterias principalmente contra os santos: os santos são dons de Deus à sua Igreja, mediante os quais Ele impulsiona o seu caminhar; são uma síntese feliz entre uma iniciativa da graça divina e a resposta livre e generosa do homem a essa iniciativa. Atacar os santos é atacar o fruto mais precioso da Igreja.

«Múltiplos, variados e constantes»

Os ataques contra os santos e as instituições da Igreja foram «múltiplos, variados e constantes», como diz Campanella. Nestas páginas, aludiremos apenas às contradições que têm maior atualidade: a chamada «contradição dos bons», na sua dupla versão de incompreensão por parte de almas retas, mas desorientadas (cap. III), e da Hierarquia (cap. IV); as que acabam por provocar denúncias ante os Tribunais eclesiásticos e civis (cap. V); as que provêm de acusações de determinados ex-membros de algumas instituições aos seus próprios fundadores (cap. VI). Trataremos a seguir de publicações insultuosas contra as virtudes dos homens de Deus (cap. VII); das perseguições por parte do poder político (cap. VIII); das controvérsias que suscitam às vezes as vocações jovens (cap. IX). E, por último, das acusações de loucura contra os homens de Deus e das ridicularizações e difamações a respeito do seu caráter (cap. X).

Os santos, pedras de escândalo

Evidentemente, não se esgota aqui o elenco das tribulações: poder-se-iam citar também os atentados e agressões físicas, as prisões, as torturas e as deportações que os homens de Deus sofreram ao longo de todas as épocas. Muitos desses sofrimentos tiveram lugar num passado muito recente: estão saindo à luz na atualidade numerosos relatos dos padecimentos morais e físicos que a Igreja teve de suportar nos países do Leste europeu[3]. Mas esses aspectos encontram-se mais próximos do martirológio, e pareceu-nos preferível analisar nestas páginas somente algumas das contradições mais habituais que atingem os homens e mulheres de Deus.

A «contradição dos bons»

A chamada «contradição dos bons» é possivelmente uma das contradições mais desconcertantes que os homens de Deus podem sofrer, porque procede do interior da própria Igreja e é promovida por pessoas de fé, geralmente convencidas da bondade da sua atuação; e, além disso, porque semeia a confusão entre pessoas bem-intencionadas, com frequência membros da Hierarquia eclesiástica: «Não lhes parece que estão indo contra Deus» — escrevia Santa Teresa —, «pois têm a seu favor os prelados»[1].

Mas não é por ser desconcertante que esta contradição deixa de ser habitual, sobretudo no início das instituições eclesiásticas, sejam de que tipo forem. Milcent conta que, quando Joana Jugan nem bem havia recolhido doze anciãs, «ao lado de muitas simpatias, já então se propalaram algumas críticas muito acerbas»[2]. Essas críticas procediam normalmente de pessoas piedosas. «Contradição dos bons, filhas» — comentava o Bem-aventurado Henrique de Ossó, Fundador da Companhia de Santa Teresa de Jesus —. «Uma obra sem contradições? Mau sinal!»[3] A maioria das instituições da Igreja padeceu essa contradição de um modo ou de outro. «Padeceu um dos maiores trabalhos, que é a contradição dos bons», dizia São Pedro de Alcântara, referindo-se a Santa Teresa de Ávila.

Pedindo perdão por ter razão

Não foi fácil a Santa Teresa, como recorda no *Livro da Vida* e no *Livro das Fundações*, empreender a reforma carmelitana. Choveram-lhe insultos, penalidades e contradições de todo o tipo. «Digo a vossa reverência» — escrevia à Madre Maria de São José, de Sevilha, a 22 de outubro de 1577 — «que está acontecendo uma coisa aqui na Encarnação que creio não ter visto outra igual. Por ordem do Tostado, veio o provincial dos Calçados fazer a eleição, há quinze dias, e trazia grandes censuras e excomunhões para as que votassem em mim. E apesar de tudo isso, elas pouco se importaram e, como se não lhes tivessem dito nada, votaram em mim cinquenta e cinco monjas, e a cada voto que entregavam ao provincial, ele as excomungava e amaldiçoava, e com o punho socava os votos, amassava os papéis e os queimava. E deixou-as excomungadas, fazem hoje quinze dias, e sem assistir à Missa nem entrar no coro, mesmo quando não se recita o ofício divino, e que ninguém fale com elas, nem os confessores nem os seus próprios pais. [...] Não sei onde isto vai parar»*.

---

* Santa Teresa de Jesus, *Carta à Madre Maria de São José*, em *Obras completas*, Ed. de Espiritualidad, Madri, 1984, p. 1581. O episódio deu-se em 1577. Teresa já tinha fundado diversos mosteiros femininos e masculinos de carmelitas reformados, chamados «descalços», em contraposição aos não-reformados, chamados «calçados», que obedeciam a uma regra mitigada. Além disso, tinha reformado o convento da Encarnação, originariamente mitigado, onde moravam mais de trezentas freiras. Quando tudo parecia correr bem, houve mudanças na direção da Ordem, e desencadeou-se uma perseguição contra ela e os outros partidários da reforma, comandada sobretudo pelo vigário-geral delegado, o pe. Tostado, e pelo núncio apostólico Sega — a chamada «guerra dos mitigados». Foi então que terminou o mandato de Teresa como Superiora da Encarnação, e o Geral resolveu intervir para que ela não fosse reeleita pelas freiras (N. do T.).

A «contradição dos bons»

Aquilo «parou» numa contradição que alvoroçou toda Castela. «São tantas as coisas» — escrevia a Santa a D. Teotônio de Bragança, arcebispo de Évora — «e as diligências que se fizeram para nos desacreditar, em especial ao padre Gracián e a mim (que é onde acertam os golpes), e digo a Vossa Senhoria que são tantos os testemunhos que se prestaram contra esse homem, e os memoriais que se entregaram aos reis e tão pesados, que se espantaria Vossa Senhoria, se o soubesse, de como se pôde inventar tanta malícia»[4].

Não andavam com panos quentes. O núncio Sega chamou-a «mulher irrequieta e andarilha, desobediente e contumaz»[5], «e diz que os mosteiros que fiz» — comentava a Santa ao pe. Hernández —, «foi sem licença do Papa nem do Geral. Veja vossa mercê que maior perdição e mau cristianismo poderia haver»[6].

Era tal o clima de animadversão contra ela que, quando quis fundar o convento de São José, tanto o clero como outras ordens religiosas começaram a atacá-la violentamente: «Padres, freiras e frades» — escreve Marcelle Auclair na sua biografia da Santa — «sentiam-se ameaçados no seu pão de cada dia, pois os tempos eram de carestia e pobreza crescentes. Já não havia em Ávila conventos demais para repartir entre eles as parcas esmolas? Na igreja de São Tomás, um pregador, referindo-se a Teresa durante um sermão, pôs-se a trovejar contra certas religiosas que "saem dos seus mosteiros e, sob pretexto de fundar novas ordens, procuram somente conseguir privilégios", e acrescentou "outras palavras tão

Os santos, pedras de escândalo

pesadas que a sua irmã, Dona Juana, se ruborizou com a afronta e quis retirar-se"»[7]. E isso não foi mais que um episódio no conjunto de sofrimentos e contradições — «facadas», como as chamava a Santa — que acompanharam toda a vida de Teresa de Ávila.

Por incompreensões semelhantes, São João da Cruz foi levado, em meados de dezembro de 1576, com os olhos vendados, a um convento em Toledo dos carmelitas calçados. Lá foi julgado e declarado rebelde e contumaz por defender a reforma carmelitana. Condenaram-no primeiro a um cárcere conventual e mais tarde a outro que se criou especialmente para ele: um antigo banheiro de dois metros de largura por três de comprimento, sem janelas, escavado na parede, que tinha por único mobiliário umas tábuas e duas mantas velhas. Nesse lugar desumano suportou o rigoroso frio do inverno toledano e o calor do verão. «Durante nove meses» — escreve Santa Teresa —, «esteve num carcerezinho onde, apesar de ser tão pequeno, não cabia bem, e durante todo esse tempo não mudou a túnica, embora estivesse à beira da morte». E concluía a Santa: «Tenho-lhe uma grandíssima inveja»[8].

As penas que causavam inveja a Santa Teresa — com essa lógica peculiar às almas santas a que já nos referimos — eram aqueles padecimentos que sofreu o seu «meio frade» — como o chamava com humor, pela sua baixa estatura —, dormindo no chão, entre insultos, ameaças e flagelações, sem higiene alguma,

A «contradição dos bons»

tendo para as suas necessidades um balde pestilento que lhe causava náuseas, doente, desprezado e insultado por todos. Como fruto daquela estadia, São João da Cruz deixou-nos, além do seu perdão para os que o encarceraram, a maravilha do seu *Cântico espiritual* e as canções da *Noite escura*, dois marcos da lírica e da mística universal.

«Nenhuma cruz? que cruz!»

Apesar da aceitação rendida da Vontade de Deus, não faltaram santos que se desconcertaram com essas provas, provocadas precisamente por homens da Igreja. «É possível que se trate assim um sacerdote num seminário?»[9], perguntava-se São Luís Maria Grignion de Monfort ao evocar os maus tratos que recebeu em Paris por parte de alguns eclesiásticos.

Essa exclamação não era uma queixa, mas a surpresa de um homem de Deus que não entendia como outro sacerdote como ele podia tê-lo tratado daquela maneira. Recordemos a história.

Ao cabo de uma fatigante viagem a pé, pedindo esmolas, como era seu costume, São Luís Maria havia chegado a Paris no mês de julho de 1702, depois de o terem expulsado de um hospital de Poitiers. Mas as murmurações foram mais velozes que ele em chegar à capital, onde «as suas heroicidades» — como comenta o biógrafo — «eram consideradas extravagâncias». Assim que se apresentou ao superior do seminário, este, temeroso de que a sua presença fosse comprometer a reputação

Os santos, pedras de escândalo

do seminário, recusou-se, com palavras grosseiras, diante de todos, a dar-lhe hospedagem. Ficou o Santo no mais completo desamparo, sem dinheiro, sem lugar onde morar e com os pés chagados. Não sabia para onde ir. Foi então visitar um velho amigo seu, o pe. Leschassier, que vivia em companhia de outros eclesiásticos. A acolhida não foi mais cordial que a anterior. Leschassier recebeu-o — escreve Blain, um condiscípulo do Santo — «com um gesto frio e desdenhoso, e despediu-o altaneiramente, sem mesmo querer ouvi-lo. Eu, que me achava presente, senti-me perturbado e sofri muito com a humilhação a que o submeteram diante dos meus olhos. Quanto a ele, recebeu-a com a doçura e a modéstia acostumadas»[10].

A sua segunda viagem a Paris, no outono de 1703, não foi menos dolorosa, como se deduz de uma carta que escreveu a Maria Luísa Trichet, a 24 de outubro de 1703, pedindo-lhe orações: «Outra razão pela qual penso que a alcançarei (a divina Sabedoria)» — comentava São Luís Maria —, «são as perseguições de que fui objeto e as que continuamente me chegam dia e noite»[11].

A partir daquele momento, as tribulações sucederam-se sem cessar ao longo da sua vida, e a maioria provinha de eclesiásticos. Alguns sacerdotes jansenistas* denunciaram-no ao bispo de Saint-Malo,

---

* O jansenismo foi uma corrente teológica que remontava a Cornélio Janssens (1585-1638), bispo de Ypres na Bélgica; tendia a considerar o homem predestinado fatalmente por Deus à salvação ou ao inferno, a valorizar o papel da graça de um modo que praticamente eliminava a vontade humana, e, paradoxalmente, a ser rigorista em matéria de moral. Foi condenado diversas vezes pela

A «contradição dos bons»

também de tendência jansenista, que o proibiu de pregar na sua diocese. Teve então que transferir-se para Nantes, onde nem sequer os frutos apostólicos que alcançara como missionário conseguiram deter a campanha de mentiras e falsidades contra a sua pessoa, que o Santo julgava sempre a partir de uma ótica sobrenatural: «Que me caluniem, que me ridicularizem, que façam em pedaços a minha reputação, que cheguem até a encarcerar-me! Que dons preciosos!»[12]

Por isso, quando em alguma missão apostólica, como na de Vertou, lhe faltava a murmuração ou a calúnia, chegava a inquietar-se: «Isto está indo demasiado bem! A missão não será frutuosa. Nenhuma cruz? Que cruz!» (*Point de croix, quelle croix!*)[13].

Durante a missão de Ponteacheau, não teria ocasião de se inquietar por falta de cruz. Havia empreendido a construção de um grande Calvário. Era uma obra gigantesca, na qual trabalhavam quinhentos operários vindos de toda a Europa: alçava-se já sobre um monte um grande cone no cimo do qual se colocaria uma grande cruz e as estátuas de Nossa Senhora, de São João e de Maria Madalena. Após quinze meses de trabalho duro, a construção estava quase terminada.

Mas no dia anterior à inauguração, chegou um aviso do bispado comunicando-lhe que lhe era negada a bênção ao local. Perante uma atitude tão

---

Igreja, mas exerceu grande influência na França, onde o partido nacionalista galicano se serviu dele como pretexto para opor-se às legítimas pretensões da Santa Sé, por exemplo em matéria de nomeação de bispos, bens eclesiásticos etc. (N. do T.).

Os santos, pedras de escândalo

incompreensível, o Santo foi visitar o prelado, e este explicou-lhe que uns antigos inimigos seus o haviam denunciado ao comandante militar da Bretanha, acusando-o de estar levantando uma espécie de fortaleza onde os ingleses poderiam entrincheirar-se no caso de desembarcarem.

O bispo não lhe contou então o mais grave: a acusação chegara aos ouvidos do rei Luís XIV, que mandara demolir todo o conjunto. Além disso, o bispo proibiu-o de exercer o seu ministério em toda a diocese. Pouco tempo depois, o Santo veio a saber da demolição.

Diante dessa situação, decidiu fazer um retiro com o pe. Prefontaine. Este recordaria mais tarde que a serenidade do Santo «e ainda a alegria que se refletia no seu rosto, apesar daquele golpe tão desalentador, me fizeram vê-lo como um santo»[14].

Mas não era essa a opinião geral. Mesmo pessoas como Leschassier, que depois mudariam de atitude, não chegaram a desterrar totalmente as reservas com que viam o Santo: «O sr. Grignion é muito humilde, muito pobre, muito mortificado, muito recolhido» — comentava Leschassier — «e, apesar de tudo, custa-me crer que tenha bom espírito»[15].

A hostilidade de quase todo o clero

No século XIX, a viscondessa de Jorbalán, Santa Micaela, Fundadora das Escravas do Santíssimo Sacramento e da Caridade, teve que enfrentar a hostilidade de quase todo o clero madrileno. Isso causava-lhe uma

A «contradição dos bons»

profunda inquietação espiritual. «Como o clero, em geral» — escreve a viscondessa —, «desaprovava a minha obra, e estes eram os de mais fama pela sua piedade e posição, isso não só me prejudicava diante das pessoas de fora, como também me deixava confusa e me feria o coração do modo mais cruel; na verdade, fazia-me passar as horas ao pé do altar, desfeita em pranto: — "Senhor, se não Te sirvo a Ti, a quem sirvo numa vida tão amarga e cheia de contínuos sacrifícios?" — "É a *Mim* que me serves, sim, a Mim!" — sentia no fundo da minha alma, como um bálsamo que curava a minha dor»[16].

«A maior parte do clero de Madri era-lhe hostil» — conta uma testemunha presencial —, «e os que menos a ofendiam pensavam que estava iludida; outros qualificavam-na de beata hipócrita»[17].

Essa hostilidade contra a Santa manifestou-se de muitas maneiras e chegou até à agressão física: certa vez, um sacerdote — cujo nome não é mencionado nas primeiras biografias — chegou a esbofeteá-la. Esse fato aconteceu nos primeiros dias de agosto de 1849, como relata outra testemunha presencial. Santa Micaela insistia com o padre em que confessasse uma enferma, ao que o sacerdote se negou, contra-atacando-a:

— «Tudo isto acontece porque não há quem domine a senhora».

— «Domine-me o senhor, se quiser» — respondeu-lhe a Santa.

Então o sacerdote deu-lhe uma bofetada, e a Santa, após tê-la recebido, disse-lhe em voz suave:

Os santos, pedras de escândalo

— «Agora o senhor está satisfeito?»

— «Sim, senhora».

— «Pois eu também estou satisfeita; agora, senhor, confesse a menina»[18].

Esse mesmo sacerdote não cessou de insultá-la em público durante anos a fio, comparando-a com outras religiosas:

— «A quem quereis seguir» — perguntou um dia às alunas da instituição dirigida pela Santa —: «a essas religiosas, umas santas que se desvivem por vós, ou à viscondessa de Jorbalán, que é um membro podre da sociedade?»[19]

Tempos mais tarde, a Fundadora teve uma atuação decisiva na vida desse sacerdote: impediu-o de fugir para a França com uma mulher e livrou-o dos tribunais eclesiásticos*.

De que acusavam Santa Micaela? Das coisas mais estapafúrdias: diziam que saía todas as noites, disfarçada, para dançar, e que comungava diariamente! Sabiam até a cor do vestido que usava... E, como se fosse pouco, que rezava ajoelhada no estrado do altar (!). Outro sacerdote — recorda o seu primeiro biógrafo, Vicente de la Fuente — difamava-a «do modo mais infame quanto à sua conduta e vida privada, prestando ouvidos ao rumor — dá vergonha

---

*   Essa é uma constante na vida de muitos santos, como por exemplo São José de Calasanz, Santa Rafaela e São Josemaria Escrivá, que acudiram em ajuda dos seus maiores detratores. No caso concreto do fundador do Opus Dei, ajudou ao cabo dos anos um religioso que promoveu uma forte campanha na Espanha contra a sua pessoa e o Opus Dei, e que depois abandonou a sua Ordem e a Igreja, contraiu matrimônio civil e se fez pastor protestante. A ele se referiu mons. Escrivá, sem citar o nome, em *Entrevistas com Mons. Escrivá*, 4a. ed., Quadrante, São Paulo, 2016, n. 64.

A «contradição dos bons»

dizê-lo! — de que prostituía as moças que tinha sob os seus cuidados. E o pior não foi que se inventasse infâmia tão grosseira, mas que a dessem por verdadeira pessoas que deveriam saber que se peca acreditando levianamente em tais calúnias»[20].

Os poucos sacerdotes que a defendiam eram duramente criticados: «Culpavam o pároco» — comenta o biógrafo — «de ser demasiado condescendente com aquela mulher de vida relaxada»[21]. Todos esses sacerdotes «colocá-la-iam em gravíssimos apuros de consciência, impediriam o desenvolvimento normal da sua Obra apostólica, afastariam vocações, afugentariam esmolas e avivariam o rescaldo de muitas intenções tortuosas e calúnias. Tudo, se não por malícia, pela excessiva leviandade de seguirem, às vezes, as insinuações de nobres e piedosas senhoras feridas no seu orgulho e vaidade»[22].

As calúnias demoraram em ser esquecidas, e o ambiente de animadversão que se criou contra a Santa não só a acompanhou praticamente durante toda a vida, como se fez presente até mesmo durante o seu processo de beatificação. Influenciou o próprio Papa Bento XV, que esteve a ponto de mandar retirar a causa[23].

Revolucionário, louco, herege

São João Bosco evoca nas suas *Memórias do Oratório* um bom elenco de más vontades contra o Oratório e a sua própria pessoa. Algumas provinham de eclesiásticos. «Uns qualificavam Dom Bosco de revolucionário» — escreve o Santo em terceira pessoa —, «outros tomavam-no por louco ou herege»[24]. Um capelão denunciou-o às autoridades municipais e deixou-o literalmente na rua «com uma turba de jovens que seguia os meus passos aonde quer que fosse, e eu não contava com um palmo de terra para os reunir». E a marquesa de Barolo, que tanto o havia ajudado, e que tinha promovido um Refúgio para necessitados, encostou-o um dia contra a parede:

— «Ou o senhor deixa a obra com esses seus meninos ou se desliga do Refúgio. Pense bem e depois responda-me.

— «A minha resposta já está pensada. A senhora tem dinheiro e encontrará facilmente quantos sacerdotes queira para as suas obras. Não acontece o mesmo com os meus pobres meninos. Se me retiro agora, tudo virá abaixo; portanto, continuarei a fazer o que puder no Refúgio, ainda que deixe oficialmente o cargo, mas dedicar-me-ei em cheio ao cuidado dos meus meninos abandonados.

— «E de que é que o senhor vai viver?

— «Deus ajudou-me sempre e ajudar-me-á também daqui para a frente.

— «Mas o senhor não tem saúde e a sua cabeça não funciona bem; atolar-se-á em dívidas, virá a mim, e asseguro-lhe desde já que não lhe darei um centavo para os seus meninos»[25].

Diante desse dilema, «aceitei a demissão» — escreveria o Santo —, «abandonando-me ao que Deus queria de mim. Entretanto, espalhava-se cada vez

A «contradição dos bons»

mais o rumor de que Dom Bosco tinha ficado louco. Os meus amigos estavam pesarosos, outros riam-se de mim, o arcebispo deixava as coisas correrem, D. Cafasso aconselhava-me a contemporizar, o teólogo Borel calava-se. Foi assim que todos os meus colaboradores me deixaram sozinho com os meus quatrocentos garotos»[26].

A resposta de São José Cottolengo

Algo de parecido aconteceu com São José Cottolengo, a quem insultavam pela rua, chamando-o iludido, imprudente, incapaz e vigarista. «A Cruz acompanha e distingue as obras de Deus», escreve o seu biógrafo. A Cottolengo, acrescenta, «não lhe faltaram as mais amargas provas. Foram, acima de tudo, desaprovações dos seus superiores e dos seus companheiros de Colegiada, impressionados com o desenvolvimento inesperado da sua Obra»[27].

A autoridade eclesiástica fechou a atividade apostólica a que dera início. E obrigaram-no a desalojar os enfermos de quem cuidava no pequeno hospital de Turim, onde trabalhavam as religiosas da Congregação que havia fundado.

São José Cottolengo aceitou a decisão com a paz habitual dos homens santos e comportou-se também à maneira dos santos. Quando a epidemia de cólera começou a estender-se por Turim, ao invés de protestar e recordar a todos como tinham sido injustos com ele no passado, pôs-se à disposição das autoridades, junto com as suas religiosas, para cuidar dos doentes nos lazaretos da cidade...[28]

Uma campanha organizada

Numa entrevista concedida em 1968, comentava São Josemaria Escrivá: «Quase todas as instituições que trouxeram uma mensagem nova ou que se esforçaram por servir seriamente a humanidade, vivendo plenamente o cristianismo, sofreram a incompreensão, sobretudo nos começos. É isto o que explica o fato de, a princípio, alguns não terem entendido a doutrina sobre o apostolado dos leigos, vivida e proclamada pelo Opus Dei»[29].

Os fatos desenrolaram-se assim: nos começos dos anos quarenta, após a Guerra Civil espanhola, alguns religiosos, que não entendiam a fisionomia espiritual do Opus Dei nem o seu caráter genuinamente laical, organizaram uma forte campanha contra o padre Escrivá, que foi secundada por muitas pessoas de boa fé.

O Fundador ensinava que qualquer pessoa, de qualquer profissão, estado e condição social, podia e devia aspirar à plenitude da vida cristã, em e através do seu trabalho, realizado por amor de Deus, no meio das ocupações quotidianas. Animava os simples cristãos a serem «contemplativos no meio do mundo, amando o mundo», bem identificados com Jesus Cristo, e recordava que Deus tinha vindo ao mundo para salvar a todos sem exceção; que todos haviam sido chamados à santidade.

Naquela época, isso soava a heresia aos ouvidos de alguns. Servindo-se dos púlpitos e dos confessionários, fizeram crer que se avizinhava «um tremendo

A «contradição dos bons»

perigo contra a Igreja». E muitos consideravam o padre Josemaria Escrivá um herege.

Nessa campanha, desempenharam um papel preponderante, como o pôs de manifesto o historiador Peter Berglar, «os ciúmes gerados pelo grande poder de atração que o apostolado da jovem família espiritual exercia em toda a Espanha. Dos ciúmes à inveja há apenas um passo muito pequeno, o necessário para perder o equilíbrio que separa a fraqueza da malícia. Existe (queiramos ou não) uma espécie de inveja espiritual que simplesmente não pode suportar que outras pessoas sejam capazes de se entregar a Deus sem condições. Uma inveja assim é o vício que com mais "perfeição" se pode encobrir»[30].

Fizeram-se circular contra esse Fundador os maiores disparates: que levitava no oratório; que hipnotizava os jovens que se reuniam à sua volta; que o fato de o seu livro *Caminho* estar composto de 999 pontos de meditação — número que expressava simbolicamente a sua devoção à Santíssima Trindade — constituía um sinal cabalístico. As difamações chegaram a tal ponto que muitas manhãs o Fundador perguntava a Álvaro del Portillo, seu colaborador desde meados dos anos trinta: «De onde me caluniarão hoje?»

A origem daquelas insídias estava em que, como recorda D. José López Ortiz, alguns «não viam com bons olhos que se difundisse um apostolado com uma espiritualidade que não era a deles e deixavam-se levar pelos ciúmes»[31]. «A chamada universal que mons. Escrivá pregava — com palavras e com

Os santos, pedras de escândalo

iniciativas apostólicas no meio do mundo — não foi entendida por muitos. Faltavam muitos anos» — explica López Ortiz — «para que o Concílio Vaticano II proclamasse essa exigência divina, e isso deu lugar a acusações de heresia contra D. Josemaria e contra o seu trabalho de almas»[32]. Em Barcelona, fizeram um auto-de-fé com *Caminho*, que foi lançado à fogueira por considerarem-no uma publicação herética de uma «sociedade secreta»[33].

E a coisa não parou por aí: certa vez — relata Salvador Bernal no seu *Perfil do Fundador do Opus Dei* —, «o pe. Pascual Galindo, amigo do Fundador, foi a Barcelona e esteve no *Palau* (um centro do Opus Dei). No dia seguinte, celebrou a Missa num colégio de freiras situado na esquina da Diagonal com a Rambla de Catalunha. Acompanharam-no alguns do *Palau*, que assistiram à Missa e comungaram. A superiora e a outra freira que estava presente ficaram muito *edificadas* com a piedade daqueles jovens estudantes e convidaram-nos a tomar o café da manhã com o pe. Pascual Galindo. Em pleno desjejum, o pe. Pascual disse à superiora: "Estes são os hereges por cuja conversão a senhora me pediu para oferecer a Missa". A pobre freira» — recorda um deles — «quase que desmaia: tinham-na feito acreditar que éramos uma legião numerosíssima de verdadeiros hereges, e viu que éramos um punhado de estudantes comuns e vulgares, que assistíamos à Missa com devoção e comungávamos»[34].

Dentre as patranhas que se disseram contra mons. Escrivá, houve uma que lhe doeu especialmente.

A «contradição dos bons»

Havia no oratório do *Palau* uma grande cruz de madeira negra sem Crucificado. Seguindo uma antiga recomendação da Igreja, que propõe à veneração dos fiéis uma cruz nesse estilo, sem a imagem do Crucificado, o Fundador fizera-a instalar ali para lhes recordar que o caminho cristão é de abnegação e sacrifício, como se lê em *Considerações Espirituais*: «Quando vires uma pobre Cruz de madeira, só, desprezível e sem valor... e sem Crucificado, não esqueças que essa Cruz é a tua Cruz: a de cada dia, a escondida, sem brilho e sem consolação..., que está esperando o Crucificado que lhe falta. E esse Crucificado tens que ser tu»[35].

Pois bem; apesar de se poderem contemplar cruzes desse tipo em numerosos templos da Igreja Católica, espalhou-se por Barcelona o boato de que, nessa cruz, os do Opus Dei faziam «ritos sangrentos» e se crucificavam... A prudência do Fundador levou-o a substituir aquela cruz por outra minúscula: «Assim não poderão dizer que nos crucificamos — brincava —, pois não cabemos»*.

Comparando as tribulações de dois homens de Deus — São Josemaria e Santo Inácio —, um jesuíta, José Antonio Ezcurdia, escreve que nem um nem outro viveram em tempos fáceis e «por isso as contradições, contestações e perseguições permearam as suas vidas e as suas respectivas fundações, que eram uma novidade para os seus contemporâneos.

---

* Na obra *Perfil do Fundador do Opus Dei* (Quadrante, São Paulo, 1977), mais concretamente no capítulo «A contradição dos bons», pp. 317-336, Salvador Bernal oferece uma síntese de algumas contradições que o Fundador do Opus Dei teve de sofrer.

Os santos, pedras de escândalo

Esquecemo-nos muito rapidamente, pois se esfumam na distância da História, dos processos sofridos por Inácio em Alcalá, em Salamanca, em Paris, em Veneza, em Roma... e do impacto que, sem dúvida, produziram nos seus desconcertados seguidores. Quem se lembrar disso compreenderá que o fenômeno se tenha repetido com mons. Josemaria Escrivá e as suas atividades»[36].

A lição de Guadix

Um santo sacerdote amigo do Fundador do Opus Dei, São Pedro Poveda Castroverde, tivera que passar, quando jovem, por uma situação parecida. Na Quaresma de 1902, quando tinha 28 anos, havia pregado um retiro nas grutas que rodeavam a cidade de Guadix, na província de Granada, habitada, na sua grande maioria, por ciganos indigentes. Essas grutas eram um local de miséria quase secular, onde as crianças cresciam sem nenhuma instrução ou educação.

Diante dessa situação, o padre Poveda, sem abandonar as outras atividades sacerdotais, começou a desenvolver ali uma grande tarefa apostólica e pastoral. Em pouquíssimo tempo pôs em funcionamento as Escolas do Sagrado Coração, que eram frequentadas por quatrocentas crianças, e, apesar dos escassos recursos de que dispunha, preocupou-se de que essas crianças se beneficiassem dos métodos pedagógicos mais avançados. Conseguiu interessar no projeto as autoridades públicas e os centros culturais, a tal

A «contradição dos bons»

ponto que, dois anos depois, em 1904, foi nomeado filho predileto da cidade. O sentimento geral era de agradecimento, de gratidão... e de inveja[37].

Repetiu-se a história. «Terminadas as obras, e quando aquela fundação do Sagrado Coração mais prometia, surgiram os desgostos que podiam ter posto fim à minha vida. Jamais pensei em sair de Guadix», conta o padre Poveda nas suas *Notas autobiográficas*. «Sempre sonhei em ser enterrado sob o altar daquelas grutas; mas não foi assim. A nomeação de filho adotivo predileto e a colocação do meu nome numa rua foram a causa próxima de que explodisse uma animadversão que vinha fermentando havia tempo... É impossível referir a série completa de circunstâncias que se aliaram para favorecer o plano de frades, sacerdotes e leigos que, sob pretexto do bem, se comportaram sem a menor caridade. Houve momentos em que tudo se organizou contra mim. A minha saúde ficou abalada, e ainda hoje experimento no paladar o amargor daquele período repleto de ataques. Padeci escrúpulos horríveis durante quatro anos. Principalmente dois deles foram de fazer-me *perder a cabeça*. Não obstante, recordo com amor aqueles anos de desolação...

«Depois de pensar muito, e tendo em vista o bem dos outros e o meu, decidi partir. Propus-lhes tudo quanto me ocorreu de melhor para livrar o próximo do sentimento de culpa, mas não me fizeram caso. Talvez estivessem empenhados em destruir-me, e quando viram que me ia embora e não poderiam saciar o seu ódio — se era ódio o que tinham —, veio a

Os santos, pedras de escândalo

explosão sem nenhuma caridade. A lição de Guadix devia ter-me aproveitado mais do que me aproveitou; de qualquer modo, não me ensinaram pouco aqueles dias de incomparáveis amarguras»[38].

A incompreensão de alguns eclesiásticos

Como consequência da «contradição dos bons», às vezes alguns membros da Hierarquia, mal informados sobre a atuação dos homens de Deus ou influenciados por campanhas denegridoras promovidas contra eles, interpuseram notáveis inconvenientes ao desenvolvimento dos seus empreendimentos apostólicos.

A lista é amplíssima, mas vamos comentar somente alguns casos mais significativos.

«Se, sabendo o que agora sei...»

Como tantos outros fundadores, São João Bosco, Fundador da Sociedade Salesiana, encontrou-se diante da urgente necessidade de conseguir colaboradores fixos para o seu trabalho apostólico. Concentrou então as suas energias — explica Piero Stella —, na formação «dos jovens que frequentavam o seu Instituto nos dias festivos ou que ali viviam como alunos internos. Formou o primeiro núcleo de salesianos privadamente em 26 de janeiro de 1854, mas só a 9 de dezembro de 1859, fortalecido pelo conselho recebido na audiência privada que lhe concedeu Pio IX em abril de 1858, é que anunciou publicamente o seu propósito de constituir uma Congregação religiosa»[1]. Um ano mais tarde, já

Os santos, pedras de escândalo

contava com dezessete pessoas na Sociedade de São Francisco de Sales. O próprio Santo se encarregou da formação dos primeiros salesianos e conseguiu assim, como indica Stella, «uma singular coesão entre os membros da sua família»[2].

Dom Bosco educava «com um otimismo radicado na certeza de que Deus providente guiava, não só a Igreja, naqueles tempos que pareciam sumamente tempestuosos, mas também a sua pessoa e a sua obra. Viveu e fez viver a fé cristã resolutamente. Promoveu a Confissão e a Comunhão frequentes, a recitação do terço, a música sacra, o teatro recreativo e sagrado, a imprensa religiosa popular. Dessa maneira, a religião entrou no seu sistema educativo e pastoral como fim e como instrumento, elemento fundamental da pedagogia e da metodologia pedagógica»[3].

Dom Bosco educava também os seus colaboradores num espírito de liberdade que causava estranheza a algumas pessoas, como conta Hugo Wast na sua popular biografia do Santo:

— «Como os ensina a *ensinar*? — perguntavam-lhe.

«E ele, com o seu desembaraço habitual, respondia:

— «Lanço-os à água, e assim aprendem a nadar»[4].

O arcebispo de Turim, D. Ricardi, não estava muito convencido desse sistema, pois pensava que aqueles futuros sacerdotes, concentrados nas suas tarefas pedagógicas, acabariam por descuidar os seus estudos de teologia. Determinou, portanto, que todos os colaboradores de Dom Bosco que seguissem a carreira eclesiástica estudassem no seu seminário; e que os que já se tinham ordenado

A incompreensão de alguns eclesiásticos

fossem aperfeiçoar-se na residência que abrira para os seus sacerdotes.

Naqueles momentos, em que a obra salesiana se encontrava numa fase decisiva de crescimento, essa medida do arcebispo significava, na prática, um golpe mortal, já que Dom Bosco necessitava urgentemente desses braços para educar milhares de alunos. Aquela atividade apostólica, sem sacerdotes que a atendessem devidamente, não poderia dar frutos. Foi falar com o arcebispo e suplicou-lhe que mudasse de parecer. Ricardi negou-se, e a situação complicou-se ainda mais: outros bispos reclamaram de volta os clérigos que tinham autorizado a trabalhar com Dom Bosco.

«Nas minhas escolas» — pedia-lhes o Santo —, «surgem muitas vocações sacerdotais. A grande maioria dispersa-se por todas as dioceses do Piemonte. Só uns quantos ficam comigo. Deixai-mos, pois, em troca dos que vos dou!»[5]

O arcebispo não poupava elogios à obra de Dom Bosco, mas mostrava-se intransigente nesse ponto: não aceitava que os futuros sacerdotes se preparassem fora dos muros do seminário da diocese. Dom Bosco queria que se formassem ao seu lado, para lhes infundir o seu espírito, de acordo com um plano de estudos próprio. Mas o arcebispo pensava que esses estudos seriam notavelmente mais pobres que o curso, enriquecido por séculos de experiência, que se ministrava no seu seminário. Além disso, e se no futuro alguns deixassem de ser salesianos?, argumentava o prelado. Ver-se-ia obrigado a acolher na sua diocese sacerdotes pouco doutos, sem os ter podido formar convenientemente. Portanto...

Outro bispo, amigo de Dom Bosco, D. Gastaldi, intercedeu para que se pudessem ordenar três sacerdotes salesianos. Mas D. Ricardi continuava inflexível, e não mudou de opinião nem mesmo quando treze noviços salesianos se apresentaram aos exames de teologia no seminário e conseguiram excelentes notas.

Por fim, Dom Bosco viu-se obrigado a ceder, e enviou os seus noviços ao seminário. O resultado não pôde ser pior: «De dez estudantes meus de teologia que frequentaram os cursos do seminário» — escrevia ao Bem-aventurado Pio IX —, «não restou um só na Sociedade»[6].

O Santo não teve outra saída senão apelar para Roma. Tinha em seu poder numerosas cartas laudatórias de bispos que conheciam de perto o instituto salesiano. Mas a Roma chegavam também opiniões contrárias a ele e, como se fosse pouco, D. Svegliati, Secretário da Congregação dos Bispos e Religiosos, que vinha estudando o assunto, era um decidido adversário de Dom Bosco e considerava que o projeto continha demasiadas novidades: achava que havia excessiva «democracia» nos colégios, muitos estudantes deficientes etc. Pediu um relatório secreto a mons. Torlone, encarregado oficioso da Santa Sé perante o Governo italiano, que residia em Turim, e este confirmou-o nas suas opiniões.

Esse relatório foi fatal: a 2 de outubro de 1868, D. Svegliati comunicou a Dom Bosco que não lhe seriam

A incompreensão de alguns eclesiásticos

aprovadas as regras nem a faculdade de conceder as *dimissórias* que solicitava*. O Santo aceitou essa decisão humildemente, e encontrou-se da noite para o dia num beco sem saída, com milhares de meninos sob a sua responsabilidade. «Se, sabendo o que agora sei» — comentava anos mais tarde —, «tivesse que recomeçar o trabalho de fundar a Sociedade, não sei se teria forças para isso!»[7]

Voltou a tentar, cheio de fé em Deus, que lhe concedessem o que pedia e, em janeiro de 1869, tornou a ir a Roma para tatear o terreno. «Não havia dúvida» — escreve em uma *Memória* — «de que pouquíssimos prelados me secundariam. Todos se mostravam frios, desconfiados, e as pessoas mais influentes eram-me hostis. Haviam chegado a Roma cartas muito contrárias à Pia Sociedade... Vi que era necessário um verdadeiro milagre para mudar os corações... Cada palavra das nossas pobres regras suscitava uma dificuldade insuperável. Mas eu confiava na Virgem Maria e nas orações que se faziam no Oratório...»[8]

Foi necessário, efetivamente, que, por intercessão de Nossa Senhora, se produzissem vários acontecimentos milagrosos — a cura repentina de um menino gravemente enfermo, sobrinho do cardeal, e a desaparição espontânea de várias doenças de alguns eclesiásticos muito influentes — para que a 19 de fevereiro de 1869 o Papa se decidisse a aprovar a

---

*   As «dimissórias» consistiam em reconhecer ao superior da instituição o direito de autorizar os seus seminaristas a receber de qualquer bispo católico as ordens sagradas, menores e maiores, uma vez concluídos os estudos eclesiásticos (N. do T.).

Pia Sociedade Salesiana e, com ela, a faculdade de conceder as *dimissórias*.

Em fins de 1870, faleceu D. Ricardi e, enquanto se deliberava quem seria o seu sucessor, Dom Bosco foi ao Papa para lhe dizer que aquele seu bom amigo, mons. Gastaldi, seria a pessoa idônea para ocupar o posto. Dom Bosco e Gastaldi conheciam-se havia vinte anos e eram grandes amigos; tanto que Gastaldi pedira à sua própria mãe que substituísse a mãe de Dom Bosco, a *Mamma Margherita*, depois da morte desta, no cuidado dos *birichini*, os meninos que Dom Bosco atendia. Era um homem bom e piedoso, apaixonado pela hierarquia e pela disciplina, ainda que talvez excessivamente impulsivo e dominador...

— «O senhor o quer?» — disse o Papa a Dom Bosco. «Então seja feito!»

«Não confiei bastante na Providência, quando quis servir-me de meios humanos para facilitar a minha obra» — comentaria Dom Bosco anos mais tarde. E escreveu em outra ocasião: «Se devo dizer o que penso, creio que o demônio, prevendo o bem que D. Gastaldi teria podido fazer à nossa Congregação, semeou cizânia secretamente e conseguiu que ela se espalhasse. Perturbação imensa, intrigas e falatórios; diminuição de sacerdotes, desgostos graves para o próprio bispo que, ao longo de trinta anos, fora o meu melhor confidente».

Aconteceu que, como explica Hugo Wast, pouco depois de aceder ao episcopado, Gastaldi se encontrou de um momento para o outro mergulhado num ambiente que propiciava uma

A incompreensão de alguns eclesiásticos

atitude hostil para com Dom Bosco. «Temia talvez o arcebispo» — pergunta-se D. Rua, primeiro sucessor de Dom Bosco, hoje também nos altares — «que alguém pensasse que ele se deixava guiar por Dom Bosco, já que tinha chegado ao episcopado de Turim graças à sua ajuda? Houve quem assim o pensasse. Temia talvez que Dom Bosco atraísse para a sua nascente Congregação jovens estudantes da carreira eclesiástica, desviando-os dos seminários diocesanos?»

Não o sabemos. O certo é que, poucos meses depois, o arcebispo adotou a mesma atitude contrária que o seu predecessor. E começou uma longa história de incompreensões. D. Gastaldi opôs-se decididamente ao projeto do seminário de vocações tardias que Dom Bosco havia empreendido com o apoio do Papa, proibindo-o na sua diocese; protelou por três anos a aceitação das *dimissórias* para a ordenação de novos sacerdotes salesianos e pôs todos os inconvenientes possíveis para que essas ordenações se realizassem.

Chegou um dia em que a animadversão atingiu o ponto culminante: o arcebispo negou-se a renovar a Dom Bosco as licenças para confessar.

Não era um episódio desconhecido na vida da Igreja. Também São Filipe Neri fora despojado pelo cardeal-vigário de Roma das licenças para confessar[9]. Dom Bosco reagiu com humildade, como São Filipe, mas compreendeu que, com essa decisão, a sua situação à frente da Sociedade salesiana se tornava insustentável; pelo menos em Turim. Decidiu

Os santos, pedras de escândalo

retirar-se para o seminário que era dirigido por um dos seus filhos espirituais, D. Bonetti.

D. Bonetti escreveu diretamente ao Papa: «Vossa Santidade — expôs-lhe —, que conhece plenamente a virtude do meu superior, pode imaginar que ele seria capaz de cometer um delito merecedor de uma pena que só se inflige aos sacerdotes mais escandalosos?»

Não foi necessária a intervenção do Papa, já que o arcebispo, ao receber uma carta de Dom Bosco em que lhe pedia que revisse a sua decisão, lhe renovou as faculdades.

Mas aquilo era só uma breve trégua no combate. Continuaram a circular pelas repartições da Cúria Romana informes profundamente negativos sobre os salesianos: eram chamados soberbos, ignorantes, rebeldes... Percebia-se o trabalho silencioso do arcebispo, magoado por não poder controlar a seu bel-prazer os destinos da Congregação.

— «Que havemos de fazer?!» — comentava Dom Bosco. «O arcebispo quer mandar na Congregação, e isso não é possível».

As provas e contradições só acabaram com a morte de Gastaldi. Só então é que Leão XIII decidiu conceder a Dom Bosco os famosos privilégios. «Agora» — disse-lhe o Papa durante uma audiência — «o pobre arcebispo não poderá opor-se. Esse, sim, é que era um adversário! Está vendo?... Muitas vezes, nem sequer o Papa pode fazer o que quer...»

«Devemos espantar-nos?» — pergunta-se Wast —. «Não há vida de Santo, escrita de acordo com a

A incompreensão de alguns eclesiásticos

verdade, que não tenha muitas páginas iguais. Por alguma razão se lê no Evangelho de São João esta predição de Jesus aos seus discípulos: *Expulsar-vos- -ão das sinagogas e virá um tempo em que todo aquele que vos matar pensará estar prestando um serviço a Deus (Jo 16, 2)»*[10].

A pedra de escândalo

Com Santa Micaela — que a sua biógrafa, Elisa de Barraquer y Cerero, denominou «*a sempre caluniada*» —, aconteceu algo de semelhante. Uma forte campanha de calúnias contra ela fez com que alguns bispos levantassem muitos obstáculos ao seu trabalho apostólico com mulheres desencaminhadas. Na sua *Autobiografia*, a «Madre Sacramento», como era conhecida, evoca uma entrevista com o arcebispo de Burgos que dá uma ideia de algumas das incompreensões que a Santa teve de sofrer por parte de muitos outros prelados do país.

A Fundadora foi visitar o arcebispo acompanhada por uma mulher que vivia no seu colégio: «O arcebispo» — relata Santa Micaela — «cumprimentou a minha acompanhante e falou-lhe unicamente a ela, como se não tivesse reparado na minha presença.

— «Onde afinal está a senhora?

— «Senhor, estou no Colégio das Desamparadas.

— «Como, se lhe proibi que o fizesse?

— «Senhor, no outro estabelecimento não podiam ficar comigo, e a Junta mandou-me sair de lá.

65

Os santos, pedras de escândalo

— «E a senhora foi-se meter no inferno! Não percebe que é uma casa de desordem, sem religião, onde se vive pior que numa casa pública e onde a superiora é a primeira pedra de escândalo?»[11]

Quando a mulher lhe comentou que a sua acompanhante era precisamente a Fundadora, o prelado insistiu com mais força: «Ótimo! Arrancarei dela esse véu de hipocrisia com que se cobre. A senhora não viu como eu não a quis cumprimentar nem sequer à chegada? E se não fosse por ter vindo com a senhora, tê-la-ia feito sair desta casa»[12].

E continuou a recriminá-la ao longo de hora e meia. No dia seguinte, já mais bem informado, o arcebispo foi pedir perdão à Santa.

Em 1862, o bispo de Valência dirigiu-lhe outra repreensão parecida. A reprimenda foi tão acerba e tão dura que a Santa chegou a adoecer. Saiu daquele encontro — conta a que a acompanhava — «angustiadíssima e chorando amargamente. Sentia-se tão aflita que tive que dar-lhe um copo d'água e esperar que serenasse um pouco para regressarmos a casa; pouco depois, caiu de cama»[13]. Também foi contra ela o bispo de Santander, bem como o de Barcelona, que durante uma refeição esteve zombando dela com sarcasmo. A Santa, porém, não abriu a boca.

Muitos eclesiásticos compartilharam dessa atitude crítica ou pelo menos reticente com relação a ela. Consideravam que o trabalho que tinha entre mãos era «tempo e dinheiro perdidos»[14]. Alguns sacerdotes, como Vicente de la Fuente, eram da

A incompreensão de alguns eclesiásticos

opinião de «que aquilo não podia durar». De la Fuente, que, em ato de desagravo, quis ser o seu primeiro biógrafo, tentava explicar o inexplicável — a calúnia por caridade (!) — ao descrever a conduta de algumas pessoas: «E os mesmos que a atacavam trabalhavam para que o seu empreendimento não durasse». Obviamente, falando mal dela e da sua obra — conclui surpreendentemente —, «faziam-no por caridade»[15].

Nos seus escritos, a Santa referiu-se a esses maus prognósticos dos agoureiros: «Todos prognosticavam que a minha obra duraria só enquanto eu vivesse. Morta, tudo acabaria. Essa ameaça em tom de profecia preocupava-me pouco, pois estou convencida de que Deus não precisa de ninguém»[16].

«Esses falsos profetas» — conclui o biógrafo — «não conseguiram vencê-la». E especifica: «a ela». Porque as suas colaboradoras logo sentiram o golpe. Como comentava a Santa, «tudo isso influenciou tanto as duas professoras que me restavam que um dia, depois da Missa, se foram embora, deixando-me sozinha com o colégio»[17].

Um «covil de modernistas»

Vimos considerando algumas incompreensões entre fundadores e prelados, geradas, na maioria dos casos, por causas alheias aos próprios interessados e por uma incorreta informação dos bispos. Essas incompreensões por parte de alguns membros da Hierarquia — tão explicáveis de um ponto

Os santos, pedras de escândalo

de vista humano — fizeram as almas santas sofrer profundamente.

«Dói-me muito comprovar» — escrevia Roncalli, o futuro João XXIII, nas suas anotações pessoais, quando se encontrava na Turquia como núncio do Papa — «a distância entre o meu modo de ver as situações *in loco* e certas formas de apreciação das mesmas coisas em Roma: é a minha única cruz verdadeira»[18].

Nesse sentido, o cardeal André Ferrari, hoje nos altares, sofreu uma incompreensão muito dolorosa, porque provinha da própria Santa Sé, e de uma pessoa santa com quem mantinha uma amizade pessoal: o Papa, hoje São Pio X. Ferrari tinha chegado ao sólio cardinalício de Milão em 1894, e até à sua morte teve de suportar numerosas provações: as campanhas anticlericais do começo do século, a turbulência do movimento modernista, os horrores da primeira Guerra Mundial... No entanto, a sua prova mais dolorosa veio-lhe do próprio seio da Igreja, da mão dos que torcidamente o fizeram entrar em choque com a pessoa que mais venerava: o Vigário de Cristo, o Papa.

Como comenta Domenico Mondrone, o cardeal passou por muitas humilhações «dentro da Igreja, por obra de uns poucos homens que pensavam estar no direito de controlar a ortodoxia, vigiando o seu trabalho pastoral, acusando-o privadamente ou divulgando na imprensa supostos desvios em relação às "diretrizes pontifícias", das quais eles pareciam ser os únicos intérpretes»[19].

A incompreensão de alguns eclesiásticos

Na agitação que se produziu durante a crise modernista*, o cardeal foi acusado de infidelidade e deslealdade às diretrizes do Papa. Dizia-se que a sua diocese era um «covil de modernistas» e que o seu seminário, do qual cuidava com tanta solicitude, era uma «sementeira de modernismo». Isso contradizia a realidade dos fatos: ainda que nos ambientes culturais de Milão se respirasse esse clima de rebeldia, nenhum dos dois mil sacerdotes da diocese se negou a prestar o juramento anti-modernista pedido pela Igreja.

As notícias chegavam muito distorcidas ao gabinete do Papa, que agia com fortaleza, pensando sempre no bem das almas e julgando de acordo com os dados que lhe forneciam. A ameaça modernista pairava no ar, o momento era crítico e um certo tipo de imprensa estava disposto a provocar alvoroço. A formidável ocasião surgiu quando um jovem sacerdote, Luís Fontana, se recusou a prestar o juramento anti-modernista. Fontana abandonou o sacerdócio quatro dias mais tarde e um jornal, *La Riscossa*, concluiu taxativamente: «Onde foi que Fontana aderiu ao modernismo? Sem dúvida no seminário. Como é que ninguém no seminário percebeu o que estava acontecendo? Porque o seminário de Milão — concluía o jornal — é uma "sementeira de modernismo"».

---

* O modernismo foi uma corrente teológica de fins do século XIX e começos do XX, que se propunha «conciliar» a fé com a filosofia idealista, mas acabava por negar a inspiração da Sagrada Escritura, a historicidade da Ressurreição de Cristo, a origem divina dos Sacramentos, a validade dos dogmas de fé etc. Seu expoente foi Alfred Loisy (1857-1940). As principais teses do modernismo foram condenadas por São Pio X em 1907 (N. do T.).

Os santos, pedras de escândalo

«A gritaria foi colossal» — escreve um biógrafo de Pio X —. «A imprensa de toda a Itália participou do escândalo, a favor ou contra *La Riscossa*»[20]. Publicaram-se cartas de apoio e de protesto; uma carta pastoral de Ferrari foi mal interpretada; o Papa escreveu pessoalmente ao cardeal, tentando esclarecer o assunto...

Esses mal-entendidos foram-se tornando cada vez maiores e formou-se «entre o cardeal e o Papa São Pio X» — escreve Mondrone — «uma cortina de fumaça cheia de equívocos, dúvidas e suspeitas, que alguns, sem o conhecimento dos dois Santos, em nome de uma míope intransigência e com uma desenvoltura pouco escrupulosa, tornavam mais densa e escura. A consequência foi que não só o santo cardeal teve de sofrer por causa da Igreja, como a própria Igreja — concretamente, São Pio X — foi a causadora dos seus sofrimentos. O Papa achava que o arcebispo de Milão não se limitava a ser tíbio na luta contra os modernistas e muito condescendente com eles, mas roçava a deslealdade. O pior é que os sentimentos do Papa corriam de boca em boca e chegavam a Milão, onde alguns membros do clero e certos leigos, para se mostrarem zelosos defensores do Romano Pontífice, perderam a estima que tinham pelo arcebispo.

«Agora o cardeal e o Papa, já na glória do Céu, deleitar-se-ão juntos ao contemplarem o jogo da Providência que tudo dispõe para o bem dos que amam a Deus e o procuram de coração sincero. Tudo: mesmo as dolorosas incompreensões

A incompreensão de alguns eclesiásticos

mútuas que acompanham o caminhar humano dos santos»[21].

Insídias junto da hierarquia

Há ocasiões em que as consequências dos falatórios revertem diretamente sobre os membros da Hierarquia que apoiam os santos. Foi o caso das inúmeras insídias que algumas pessoas da Igreja propalaram contra o Fundador do Opus Dei, na Espanha, após a Guerra Civil. O cardeal Frings contava que, certo dia, um jesuíta foi visitar o bispo de Madri, D. Leopoldo Eijo y Garay, e lhe disse: «"Excelência, sabe que surgiu uma nova heresia? O Opus Dei"». Mas o bispo respondeu-lhe — conta Frings — «que havia estudado a questão, que a Obra lhe parecia uma coisa boa e que sempre a havia apoiado»[22].

D. Leopoldo, que apoiara o Fundador do Opus Dei desde o começo do seu trabalho apostólico, comentou também com D. Castán Lacoma, naquela época bispo auxiliar de Tarragona, que «certas pessoas que se diziam católicas tinham ido falar com ele para acusar e denunciar a Obra, sugerindo-lhe que agisse contra ela e o seu Fundador». O prelado cortara terminantemente a manobra: «"Essa criatura" — disse-lhes — "nasceu nestas mãos". Com essa frase, queria indicar-lhes que conhecia bem o que havia aprovado, que o fizera com ciência e com consciência, e que não estava disposto a satisfazer-lhes a vontade»[23].

Como se salientou nos testemunhos publicados após o processo de beatificação de Josemaria Escrivá, muitos membros da Hierarquia eclesiástica professaram-lhe um grande afeto e mantiveram com ele laços de sincera amizade. O cardeal Bueno Monreal recorda que, desde que estabeleceu a sua residência em Roma, mons. Escrivá «pôde dedicar-se plenamente a dirigir essa instituição na sua expansão por todo o mundo. E, com a sua simpatia, vitalidade, intensa laboriosidade e presença constante, conseguiu atrair o reconhecimento e o respeito à Obra por parte de tantos homens da Igreja, entre os quais se deve destacar uma lista interminável de bispos de todo o mundo e cardeais. Não sei quantos prelados terão passado por aquela casa de Bruno Buozzi: centenas! Quando se mudou para Roma, a Obra era praticamente desconhecida nos ambientes da Santa Sé; quando faleceu, os numerosos testemunhos dados por tantos homens retos — alguns reproduzidos na imprensa mundial — falam por si sós desse seu trabalho no coração da cristandade»[24].

No entanto, antes que o Fundador passasse a residir em Roma, no início dos anos quarenta, surgiu em toda a Espanha e principalmente em Barcelona uma forte campanha contra ele. O abade coadjutor da Abadia de Montserrat, Dom Aurélio Escarré, quis verificar a veracidade de tantas acusações que corriam pela cidade, e em 9 de janeiro de 1941 escreveu a D. Leopoldo, prelado da diocese de Madri, onde o Opus Dei havia nascido, para pedir-lhe informações.

A incompreensão de alguns eclesiásticos

D. Leopoldo respondeu ao abade a 24 de maio de 1941: «Estou bem a par» — escrevia — «do reboliço que se criou em Barcelona a propósito do Opus Dei [...]. O mais triste é que pessoas muito unidas a Deus sejam instrumento para o mal; sem dúvida *putantes se obsequium praestare Deo*», julgando prestar um serviço a Deus. E depois de lhe dizer que conhecia o Opus Dei desde a sua fundação, em 1928, concluía: «Acredite, Revmo. P. Abade, o *Opus* é verdadeiramente *Dei*, desde a sua primeira concepção e em todos os seus passos e trabalhos [...]. E, no entanto, hoje são os bons que o atacam. Seria caso para nos espantarmos, se o Senhor não nos tivesse acostumado a ver esse mesmo fenômeno em outras obras muito suas».

A 1º de setembro, Eijo y Garay respondeu a duas outras cartas em que o abade o informava sobre o agravamento da campanha contra o Opus Dei. O bispo reiterou o seu apreço pelo trabalho desenvolvido pelos membros dessa instituição: «Caminha com segurança, pois caminha de mãos dadas com os bispos» — escrevia —, «bem unida a eles e sem outro desejo que o de lhes obedecer e de servir a Igreja». E prosseguia: «Diga-me se não é perseguição — e crudelíssima — chamar esta Obra que V.R. conhece e estima, e pela qual tão justamente se interessa, de maçonaria, seita herética, antro tenebroso, que leva irremediavelmente as almas à perdição; e os seus membros de iconoclastas e hipnotizados, perseguidores da Igreja e do estado religioso, e tantas outras gentilezas do mesmo estilo;

Os santos, pedras de escândalo

e lançar as autoridades civis contra eles, e procurar que os seus centros se fechem, e que o Fundador seja encarcerado e condenado em Roma; e — o que é mais trágico e doloroso — espalhar cizânia servindo--se de todos os meios, desde o confessionário até a visita ao domicílio das famílias dos que querem bem ao Opus Dei. Se isso não é perseguição duríssima, que poderá sê-lo?», perguntava o prelado[25].

E concluía a carta louvando a atitude dos membros do Opus Dei perante aqueles ataques: «Creia, Rvmo. P., que é edificante e consolador o espírito de santa alegria, de paz, de caridade e amorosa resignação com que os membros do Opus Dei recebem a perseguição e beijam as mãos dos que os ferem. E isto confirma-me no que já disse antes a V.R., que o *Opus* é verdadeiramente *Dei*» (que a *Obra* é verdadeiramente *de Deus*).

«Há muito tempo, muitíssimo» — evocaria anos mais tarde o Fundador —, «[...] uma noite, estando já deitado e começando a conciliar o sono — quando dormia, dormia muito bem; jamais perdi o sono por causa das calúnias, perseguições e intrigas daqueles tempos —, tocou o telefone. Atendi e ouvi: "Josemaria"... Era D. Leopoldo, então bispo de Madri. Tinha uma voz muito cálida. Já me tinha telefonado outras vezes a essas horas, porque se deitava tarde, de madrugada, e celebrava a Missa às onze da manhã.

«O que é que há?» — perguntei-lhe —. «E disse--me: *Ecce Satanas expetivit vos ut cribaret sicut triticum* (Lc 22, 31). Satanás vos sacudirá, vos agitará, como

A incompreensão de alguns eclesiásticos

se agita o trigo para joeirá-lo. Depois acrescentou: Eu rezo tanto por vós... *Et tu... confirma filios tuos!* Tu, confirma os teus filhos. E desligou»[26].

Esses mal-entendidos entre pessoas de reta intenção e habitualmente bem-intencionadas, mas obnubiladas, mostram de um modo ainda mais patente a virtude dos santos e confirmam o ensinamento de São Paulo que já citamos: *Todas as coisas concorrem para o bem dos que amam a Deus* (Rom 8, 28). «Nesta grande perseguição» — escrevia Santa Teresa de Ávila —, «saiam-se com honra as filhas e irmãs da Virgem, porque, se se ajudarem a si próprias, também as ajudará o bom Jesus que, embora dormite no mar, em crescendo a tormenta, faz parar os ventos»[27].

Com o apoio da Santa Sé

Apesar de tudo, não se pode concluir dos exemplos citados que, pelo fato de muitos santos terem sido criticados dentro dos quadros da própria Igreja, as suas figuras tenham sido como que pequenas ilhas de pureza no meio de um mar totalmente corrompido. Nada mais falso. Os exemplos que relatamos, escolhidos dentre muitos, não tiveram em vista mostrar a falibilidade de determinados membros da Igreja — que em geral atuavam pensando agradar a Deus —, mas ressaltar a atitude dos santos em face das incompreensões provindas de pessoas investidas em autoridade ou com peso dentro da Igreja.

Os santos, pedras de escândalo

Por outro lado, não se pode esquecer que também os próprios santos, movidos pela sua boa vontade e pelo seu zelo apostólico, erraram muitas vezes e conheceram as limitações próprias da condição humana. Deus serviu-se de todas essas fraquezas humanas de parte a parte — confusões, faltas de entendimento pela má informação sobre os fatos etc. — para mostrar mais claramente o caráter sobrenatural dos diversos empreendimentos apostólicos.

Uma breve vista de olhos pela história da Igreja mostra-nos ainda que os Papas e os bispos apoiaram habitualmente as propostas de muitos santos, as quais, pelo seu caráter inovador, entravam fortemente em choque com a mentalidade da época. E em muitos casos fizeram-no com uma surpreendente decisão e fortaleza. Poderíamos citar numerosos exemplos disso, como o alento de Paulo V a São José de Calazans na fundação das Escolas Pias[28] ou as palavras acolhedoras de Pio IX a São João Bosco nos princípios da Sociedade Salesiana. Para o nosso propósito, basta recordar o decidido impulso que a Hierarquia deu ao nascimento de duas grandes instituições da Igreja: os dominicanos e os franciscanos.

A primeira fundação dominicana, como comunidade de direito diocesano totalmente dedicada à pregação nos limites da diocese de Toulouse, data do ano de 1215. Em fins desse mesmo ano, São Domingos acompanhou o seu bispo, Fulco, ao IV Concílio de Latrão. Ali falou da obra incipiente ao Papa Inocêncio III, que o estimulou, desde o primeiro momento, a meter ombros a essa tarefa.

A incompreensão de alguns eclesiásticos

«De volta a Toulouse» — escreve um biógrafo —, «São Domingos recebeu a igreja de São Romão, e a sua comunidade ficou constituída como casa de cônegos regrantes, com a missão peculiar de pregadores diocesanos»[29].

No ano seguinte, a 22 de dezembro de 1216, Honório III confirmou a fundação de São Romão. «Um rápido processo institucional» — continua o biógrafo —, «marcado por uma copiosa série de Bulas papais, transformou a obra de São Romão, tão limitada, numa Ordem religiosa de caráter universal, de direito pontifício [...]. Rapidamente, essa nova família religiosa começou a chamar-se Ordem dos Frades Pregadores».

Dois anos mais tarde, São Domingos obteve do Papa novas Bulas que incentivaram a nascente instituição apostólica, e contou com o apoio de ilustres cardeais da Cúria Romana, como o cardeal Hugolino, futuro Papa Gregório IX. Também o Papa Honório III lhe deu um apoio fervoroso e constante, que favoreceu a expansão dessa obra: uma prova disso é que, em 1220, escreveu a diversos monges, pertencentes a diferentes instituições da Igreja, indicando-lhes que se pusessem às ordens do Santo para levar a cabo uma grande campanha de pregação pela Itália Setentrional. São Domingos faleceu a 6 de agosto de 1221, e foi canonizado pelo Papa Gregório IX treze anos mais tarde, a 3 de julho de 1234.

O cardeal Hugolino apoiou decididamente também outra Ordem recente, a franciscana, que teve desde o início um desenvolvimento rapidíssimo.

E o mesmo Papa Inocêncio III, que tanto alentaria São Domingos na sua tarefa de pregação, aprovou verbalmente, em 1209, a «forma evangélica de vida» franciscana, a regra primitiva, quando o próprio São Francisco lha expôs, acompanhado dos primeiros doze discípulos. Assim nasceu a Ordem dos Frades ou Irmãos Menores.

Catorze anos mais tarde, a 29 de novembro de 1223, o Papa aprovaria a segunda regra elaborada por São Francisco, na qual tanto interveio também o cardeal Hugolino, sem nunca alterar a originalidade da instituição. São Francisco faleceu a 3 de outubro de 1226 e foi canonizado dois anos mais tarde, no dia 16 de julho de 1228[30].

Estes dois exemplos, entre os numerosíssimos que poderíamos citar, ilustram o decidido e pronto apoio da Hierarquia, que soube descobrir desde os começos o sopro do Espírito nessas novas instituições apostólicas. A rápida canonização dos fundadores desses novos caminhos de espiritualidade — algumas vezes, pouco tempo depois de falecerem, como no caso de São Francisco — mostra, além do reconhecimento da santidade desses homens e mulheres por parte da comunidade cristã, o apoio que a Hierarquia prestou aos apostolados que promoveram.

«As suas respectivas canonizações» — escreve José Luís Illanes, diretor da Faculdade de Teologia da Universidade de Navarra, referindo-se a São Francisco e a São Tomás de Aquino — «não representaram, certamente, nem uma sanção à totalidade das suas ações nem a atribuição de um caráter absolutamente

A incompreensão de alguns eclesiásticos

normativo às suas figuras» — é possível ser cristão sem inspirar-se em São Francisco de Assis ou sem seguir a teologia de São Tomás de Aquino —, «mas mostraram, sim, que a têmpera de alma que esses homens manifestaram e o caminho que traçaram eram uma têmpera e um caminho que um cristão podia, com consciência segura, fazer seus, e, desse modo, potenciaram a força que deles emanava ou, pelo menos, facilitaram a sua irradiação, como documenta amplamente a história, nos casos antes citados e em muitos outros mais»[31].

Esta atitude de compreensão e alento da Hierarquia e dos membros da Igreja define o marco em que é preciso enquadrar os casos de incompreensão a que nos referimos atrás — que são exceções dentro de uma conduta geral —, e definem também o contexto em que se devem situar as contradições de que falávamos nos capítulos anteriores.

Por outro lado, não se deve exagerar o alcance de algumas incompreensões. Muitos dos detratores — embora não todos — vieram a retificar as suas atitudes, depois de se terem informado melhor. Uns, em vida dos próprios santos, como Vicente de la Fuente, que tanto fez sofrer Santa Micaela, e que quis escrever a sua vida após a morte dessa Santa Fundadora: «Eu mesmo que escrevo» — confessa na sua biografia — «ouvi essas difamações e, o que é pior, dei-lhes crédito, sendo Secretário da Congregação da Doutrina Cristã em 1851»[32]. Outros, reconhecendo de modo gradual a santidade dos que atacavam, como o pe. Leschassier, que tão duramente

Os santos, pedras de escândalo

havia tratado São Luís Maria Grignion de Monfort. Começara por duvidar do «bom espírito» do Santo e, após a morte deste, chegou a dizer: «Vocês podem perceber como não entendo de Santos»[33].

É certo que também houve outros que continuaram irredutíveis na sua atitude negativa, ainda que a Igreja elevasse aos altares o homem ou mulher que tinham denegrido e perseguido em vida. Não se devem estranhar essas atitudes: dizia Goethe que os homens tendem a ridicularizar tudo aquilo que não compreendem, especialmente o belo e o bom. O que o escritor alemão não imaginava era até que ponto podia chegar a surpreendente pertinácia que alguns manifestaram neste ponto.

80

Perante os tribunais eclesiásticos

Ainda que, como acabamos de ver, a Hierarquia da Igreja tenha habitualmente alentado os homens de Deus na sua tarefa apostólica, não faltaram ocasiões em que os santos foram acusados falsamente perante os tribunais eclesiásticos. Foram episódios dolorosos tanto para a Igreja como para os próprios santos, que no entanto souberam descobrir nesses acontecimentos a mão providente de Deus.

As palavras que Santa Teresa pronunciou quando a preveniram de que podia ser denunciada aos tribunais da Inquisição refletem bem a atitude geral dos homens de Deus diante dessa manobra: «Em muito mau estado andaria a minha alma se em tudo isto houvesse alguma coisa capaz de me fazer recear a Inquisição. Se eu descobrisse algum motivo para isso, eu mesma iria procurá-la; e se me denunciassem caluniosamente, o Senhor me livraria e eu sairia com lucro»[1].

Entre os numerosos casos de acusações à Inquisição ou Santo Ofício que se poderiam citar, limitar-nos-emos a recordar as denúncias contra Santo Inácio de Loyola, São João de Ávila, São José de Calasanz e o Servo de Deus José Kentenich.

«Voltaremos ao mesmo de sempre»

No conhecido relato que Santo Inácio fez ao pe. Luís Gonçalves da Câmara, habitualmente

Os santos, pedras de escândalo

denominado *Autobiografia*[2], registram-se os amargos momentos pelos quais o Santo teve de passar diante dos tribunais eclesiásticos. Começou por ser julgado pelo Vigário de Alcalá, Juan Rodríguez de Figueroa, em novembro de 1525. Depois, em março de 1527, voltou a ser processado; em abril, foi lançado na prisão; e, em maio, teve de submeter-se a mais um processo.

De lá dirigiu-se a Salamanca, onde, após uma conversa com os dominicanos, foi novamente encarcerado, em fins de julho. Foi absolvido em agosto e a seguir viajou a Paris, pois naquela cidade «tinham-se levantado muitos rumores sobre ele, e o inquisidor havia mandado que o buscassem. Ele não quis esperar, e foi diretamente ao inquisidor, dizendo-lhe que tinha ouvido dizer que era procurado e que estava disposto ao que quer que fosse [...], mas rogava-lhe que o dispensasse logo, já que tencionava ingressar naquele ano no curso de artes de São Remígio; desejava, pois, ver-se livre desses assuntos para dedicar-se melhor aos estudos. Mas o inquisidor só lhe disse que realmente lhe haviam falado sobre as suas coisas e não voltou a chamá-lo»[3].

«Durante o tempo do curso» — prossegue a *Autobiografia* —, «não o perseguiam como antes. A este propósito, certa vez disse-lhe o Dr. Frago que se maravilhava de que andasse tão tranquilo, sem que ninguém o molestasse. E ele respondeu: "A causa disso é que não tenho falado com ninguém das coisas de Deus; mas, terminado o curso, voltaremos ao mesmo de sempre"»[4].

Perante a inquisição

Também São João de Ávila teve que sofrer por causa «do mesmo de sempre», isto é, das acusações falsas, das murmurações, das intrigas. O apóstolo da Andaluzia foi denunciado à Inquisição de Sevilha no ano de 1531. Acusavam-no de ter proferido em Écija algumas «proposições suspeitas contra a fé católica».

Os seus primeiros acusadores foram: Leonor Gómez de Montenussó, que o acusou de lhe ter dito em confissão «que os queimados pelo Santo Ofício eram mártires»; Andrés Martel, jurado de Écija, que sustentou que o Santo havia dito, na casa de Francisco Aguilar, estando presente o seu irmão Antônio, que não havia salvação para aqueles que voltassem a pecar, se tivessem obtido o perdão depois de estarem em perigo de morte; e um tal Felipe Labrador, que assegurava ter-lhe escutado esta frase durante um sermão: «O que digo é verdade, e, se não for verdade, Deus não é verdade». A eles somou-se um sacerdote, Onofre Sánchez, que denunciou outras proposições suspeitas.

Desse modo, iniciou-se um tortuoso processo em que se sucederam novas denúncias e testemunhos contraditórios. Antonio Aguilar afirmava não ter ouvido o mesmo que Andrés Martel dissera ter ouvido; e enquanto testemunhas e denunciantes se contradiziam entre si, surgiu uma nova denúncia, desta vez em Alcalá de Guadaira: um certo médico, chamado Flores, assegurava ter ouvido o Santo

Os santos, pedras de escândalo

falar sobre «uma Igreja do demônio». Mais tarde, o pároco de Alcalá de Guadaira denunciou o próprio Flores por várias afirmações *contra fidem*, contra a fé, e pelas suas tentativas de impedir o fruto dos sermões de João de Ávila naquela localidade.

Cinquenta e cinco testemunhas depuseram a favor do Santo, denunciando a má-vontade, os rancores pessoais e a intenção, por parte daqueles detratores, de retorcer maliciosamente as palavras de São João de Ávila. Mesmo assim, o Santo Ofício escutou as acusações e, após a festa de São Pedro e São Paulo de 1532, deu ordem de prisão. Uma vez encarcerado, o Santo foi submetido a sucessivos interrogatórios até que, a 16 de junho de 1533, os inquisidores o absolveram plenamente, embora lhe recomendassem que, dali em diante, fosse muito prudente e «moderasse a sua maneira de falar».

Ao sair, mandaram-no pregar na igreja do Salvador, em Sevilha, onde «ao aparecer no púlpito, começaram a soar as trombetas, com grande aplauso e consolação da cidade»[5].

Aos oitenta e seis anos

Mais breve foi o interrogatório que teve de sofrer São José de Calasanz, mas as consequências foram mais trágicas. Como diz o seu biógrafo Pérez de Urbel, o que lhe aconteceu em vida dentro da Congregação das Escolas Pias foi «uma das coisas que Deus permite para purificar uma alma e levantá-la aos mais altos cumes do heroísmo. Toda

Perante os tribunais eclesiásticos

uma Congregação será sacudida e agitada pelas mais furiosas tormentas da paixão, para descobrir em toda a sua maravilhosa beleza a paciência e a humildade do Fundador»[6].

Calasanz viu-se um dia com uma massa ingente de crianças à sua volta e uma notável falta de professores. Tentaram-se várias soluções para o problema — como a união com a Congregação Luquesa —, mas todas fracassaram. Por fim, foi fundada a Congregação das Escolas Pias, que tiveram um desenvolvimento notável. No entanto, em 1636, os acontecimentos tornaram-se borrascosos. «Meus filhos» — dizia Calasanz —, «rogai por mim; que o Senhor me dê paciência para vencer as tribulações. Devo ser intensamente sacudido. São Francisco teve um só frei Elias; eu terei muitos»*.

Não dispomos do necessário espaço para descrever o quadro em que se desenrolou a história: o confuso ambiente espiritual da época; a inter--relação — confusão, tantas vezes — que se dava, em alguns ambientes eclesiásticos, entre as questões religiosas e as temporais; a deficiente situação do clero e o delicado momento político por que passavam os diversos Estados da península itálica. Basta-nos dizer aqui que as mais graves oposições que o Santo sofreu tiveram um nome próprio: o pe. Mário Sozzi, um personagem de perfil obscuro e contraditório.

---

* Fr. Elias de Cortona (1253) foi o segundo sucessor de São Francisco de Assis como ministro-geral da Ordem, mas mostrou-se tão despótico e contrário aos ideais do Fundador que teve de ser deposto por um capítulo-geral, sete anos depois de eleito (N. do T.).

Os santos, pedras de escândalo

Esse sacerdote, que vestiu o hábito escolápio em 1630, era um homem «inquieto, soberbo» — escreve Severino Giner —, «cheio de suspeitas contra os seus irmãos de Religião, que ele incomodava com delações por motivos fúteis. Depois de oscilar por alguns Colégios, sempre mal suportado pelos demais religiosos, foi mandado para Florença»[7]. Lá descobriu um ignominioso caso de meretrício, em que estava envolvido o cônego da Catedral. A sua delação granjeou-lhe as simpatias do inquisidor de Florença e, mais tarde, da Inquisição Romana.

Algum tempo depois, o Superior Geral transferiu-o para Narni, a pedido da sua comunidade, cuja vida infernizava. Mas o pe. Mário conseguiu que, por influência de um assessor do Santo Ofício, mons. Albizzi, fosse mandado novamente para Florença. Chegando lá, acusou dois outros escolápios de heresia, agindo de um modo tão obscuro que dava a entender que era ele o perseguido. Conseguiu enganar o Santo Ofício, que impôs ao Fundador que o nomeasse provincial da Toscana, com grande escândalo dos demais religiosos, que conheciam a verdade dos fatos; muitos não o quiseram receber. O pe. Mário fez recair sobre o Fundador o foco dessa resistência, espalhando a mentira de que era o próprio José de Calasanz quem instigava, de Roma, as suspeitas dos outros escolápios contra ele.

Em julho de 1642, mudou-se novamente para Roma, onde continuou com as suas manobras. «Apoiado na proteção do Santo Ofício» — relata Severino Giner —, «insinuou ameaças contra o

Perante os tribunais eclesiásticos

cardeal Cesarini, Protetor da Ordem», e este mandou que lhe revistassem o quarto, apesar das advertências do Santo Fundador, que pressagiava consequências graves dessa medida.

A reação do pe. Mário foi dirigir-se a mons. Albizzi e acusar o Santo de «responsável pela revista e violador da jurisdição do Santo Ofício, pois entre os seus documentos havia alguns relacionados com o Santo Tribunal. Acreditando nas calúnias do pe. Mário, mons. Albizzi dirigiu-se em pessoa à Casa de São Pantaleão»[8].

Era o dia 15 de agosto de 1642. «Calasanz, que estava na igreja» — relata Pérez de Urbel —, «apresentou-se à porta, mas foi recebido com esta lacônica saudação: "Estais preso". Imediatamente, encontrou-se rodeado de soldados que se apoderaram dele para levá-lo às prisões da Inquisição, sem lhe dar tempo de apanhar o capote nem o chapéu. A multidão amontoava-se nas ruas, atraída pelo súbito infortúnio daquele ancião de oitenta e seis anos»[9].

Comenta uma testemunha: «Caminhava o Servo de Deus sem se perturbar, sob o forte calor do meio-dia, pela longa rua Bianchi, de cabeça descoberta e o semblante tranquilo e alegre»[10].

Entraram na prisão às doze horas, e lá o Santo adormeceu beatificamente. Às seis, chegou Albizzi: «Não saireis daqui enquanto não forem devolvidas as escrituras roubadas ontem à tarde ao pe. Mário». A questão esclareceu-se ali mesmo: não se tinha encontrado nenhum documento durante a revista. O Fundador foi libertado naquela mesma tarde.

Mas não cessaram as maquinações do pe. Mário, que, com a ajuda de Albizzi, conseguiu que a Inquisição o confirmasse como provincial da Toscana, sem depender para nada do Superior Geral[11]. E para lá se dirigiu novamente no mês de outubro, continuando a promover novos escândalos eclesiásticos. A sua atitude, porém, foi mal vista pelo grão-duque que, em plena luta entre os Médicis e os Barberinis, acabou por desterrá-lo da Toscana, acusando-o de vassalo infiel, impostor e espião de guerra[12].

Novamente as iras do pe. Mário recaíram sobre o Geral e se manifestaram no tristemente famoso *Memorial Calunioso*, que, segundo o seu costume, enviou ao Santo Ofício[13]. Esse *Memorial*, escreve Bau, «é um monumento de habilidade no que diz, no que cala, no que insinua, no que recalca, no que entrelaça, no que pede, no que recusa, no que intriga...»[14]

Enganado mais uma vez, mons. Albizzi pediu a Urbano VIII que nomeasse o pe. Mário Vigário Geral de toda a Congregação, com todos os direitos, faculdades e honras. Possivelmente, a intenção do Papa era — como o afirma Jorge Sàntha — que Calasanz ficasse com o título honorífico de Geral e o pe. Mário assumisse o governo efetivo. Falava-se já de uma possível extinção da Congregação.

Após diversas peripécias, promulgou-se o Decreto *In causa Patris Marii*, que, entre outras coisas, suspendia dos seus cargos o Fundador e os seus quatro assistentes, e nomeava outros quatro, dos quais o primeiro era o pe. Mário.

Perante os tribunais eclesiásticos

A partir de então — conta Pérez de Urbel —, o Fundador era «tratado despoticamente, obrigado a permanecer de joelhos como um condenado, vigiado como um malfeitor. "Velho caduco" — dizia-lhe o novo superior de fato —, "não me querem obedecer e você não os acalma". Calasanz calava-se, obedecia e esforçava-se para que os outros obedecessem»[15].

Durante esse período, o pe. Mário «tiranizou de tal modo a comunidade, que os outros assistentes recém-eleitos renunciaram ao seus cargos, enojados com a conduta altaneira e insuportável do triunfante primeiro-assistente. Mas a sua glória durou pouco. Ainda não se completara um ano do seu governo, quando, no final daquele verão, contraiu uma terrível doença — talvez lepra — que em pouco tempo o levou ao túmulo. Morreu a 10 de novembro de 1643, sem se reconciliar com a sua vítima»[16]. O Santo tentou, até o último momento, «visitá-lo, consolá-lo e aconselhá--lo»[17], mas o moribundo não o consentiu.

As penas de São José de Calasanz não terminaram com a morte desse personagem. Teve de suportar novas manobras e perseguições, que ele aceitou com uma paciência exemplar. Não por acaso a sua figura foi comparada à de Jó. Como fruto de uma velha intriga do pe. Mário, foi eleito superior o pe. Querubini, considerado por muitos «o trapo mais sujo de todo o Instituto»[18], que soube apresentar-se perante os cardeais, da mesma maneira que o pe. Mário, como uma vítima inocente das maledicências. Diante dessa situação, voltou-se a debater a extinção da Congregação.

Os santos, pedras de escândalo

Mais tarde, obteve-se uma sentença pela qual se reintegrava oficialmente o Fundador no seu posto; mas foi tanta a alegria dos escolápios fiéis, quando receberam a notícia, que mons. Albizzi, enganado pelos seguidores de Mário e Querubini, conseguiu que se anulasse a sentença antes de se tornar oficial. Novas intrigas fizeram com que o Santo, pouco antes de morrer, tivesse a amargura de ver promulgado o breve do Papa Inocêncio X *Ea quae pro felici*, de 16 de março de 1646, que dissolvia a Congregação das Escolas Pias.

São José de Calasanz morreu a 25 de agosto de 1648, infundindo em todos os que o seguiam a sua confiança na restauração do Instituto, como realmente aconteceu anos mais tarde.

Desterrado em Milwaukee

Não tão longe de nós no tempo, neste mesmo século, o padre Kentenich, cuja causa de canonização se iniciou a 10 de fevereiro de 1975, também teve que sofrer a sua «contradição dos bons» por parte da Hierarquia eclesiástica.

A 18 de outubro de 1914, José Kentenich fundou a Obra de Schönstatt e, mais tarde, o Instituto das Irmãs de Maria, persuadido de que eram vontade de Deus. «Se Schönstatt não fosse obra de Deus — havia escrito durante os anos vinte —, não moveria um dedo por ela»[19].

Durante a segunda Guerra Mundial, o Fundador sofreu inúmeros padecimentos e passou quatro

Perante os tribunais eclesiásticos

anos num campo de concentração nazista. Com o decorrer do tempo, a fundação ganhou grande vitalidade e vigor apostólico.

No entanto, ao lado desse desenvolvimento, não faltaram críticas e incompreensões. Alguns, ainda que reconhecessem que Schönstatt «havia despertado uma enorme onda de consciência apostólica e profunda devoção mariana», tinham a impressão de que a dependência do Movimento em relação à pessoa do padre Kentenich «excedia toda a medida razoável»*.

Em 1950 — relata Engelbert Monnerjahn —, «o Santo Ofício nomeou um Visitador Apostólico na pessoa do jesuíta holandês, pe. Sebastián Tromp, professor da Universidade Pontifícia Gregoriana e consultor do Santo Ofício. Na Semana Santa de 1951, o pe. Tromp chegou a Schönstatt para uma primeira e breve permanência. No início de maio do mesmo ano, de regresso de uma viagem à América

---

* Em artigo publicado em *L'Osservatore Romano,* o cardeal Christoph Schönborn analisa essa crítica, que se tem feito a propósito de muitas figuras carismáticas da Igreja, acusadas de favorecerem entre os seus seguidores o «culto» à sua pessoa. Diz esse autor que o critério seguro para distinguir o «culto à personalidade» da veneração e do afeto que rodeiam essas pessoas escolhidas por Deus para uma missão na Igreja é o espírito que as anima: *«O seu "propósito" é o próprio Jesus Cristo.* Na sua escola, inúmeros homens e mulheres encontraram o seu caminho de vida e a sua felicidade. Fundadores e outros homens carismáticos, como por exemplo Bento ou Inácio, Clara ou Ângela Merici, empenharam-se em conquistar outros homens *para Cristo* [...]. Com a liberdade dos filhos de Deus, transmitiram a outros a riqueza sobrenatural da sua vida, *e sempre se submeteram à autoridade eclesiástica.* Não devemos ser reconhecidos a Deus por nos dar também hoje pessoas tão cheias de espírito? Não devemos, além de conservar as estruturas desenvolvidas e consolidadas por elas, também estar abertos ao sopro do Espírito Santo, que é a "alma" da Igreja?» (card. Christoph Schönborn, *Há seitas dentro da Igreja?*, em *L'Osservatore Romano,* n. 34, 23.8.1997, pp. 376-377; N. do T.; grifo nosso).

do Sul, o padre Kentenich passou por Roma e teve um encontro com o Visitador. Na reunião, este propôs-lhe que, para solucionar as dificuldades, optasse por desligar-se voluntariamente da sua Obra. Se o fizesse espontaneamente, sempre haveria a possibilidade de voltar ao Instituto num futuro distante. Contudo, se houvesse que impor-lhe a separação, já não se poderia contar com essa possibilidade»[20].

O padre Kentenich rezou, refletiu e aconselhou-se com os seus colaboradores. Por fim, comunicou ao Visitador que, por fidelidade à sua Obra, não podia pensar numa separação voluntária; mas aceitá-la-ia se a autoridade eclesiástica assim o ordenasse.

A 31 de julho, chegou-lhe um decreto que o depunha do cargo de Diretor das Irmãs de Maria. Escreveu então uma breve carta a essas suas filhas:

> «Minhas queridas Irmãs,
>
> «[...] Declaremos de palavra e com todo o coração que nos submetemos às ordens de toda a autoridade legítima. Isto aplica-se especialmente ao caso da autoridade suprema. Deixemos tudo o mais nas mãos de Deus e da Santíssima Virgem. E assim continuaremos a trabalhar sem amarguras, como até agora, na obra da nossa vida, ainda que tenhamos de renunciar a costumes e formas de vida que nos são caros. Seja este o grande presente para a festa da nossa amada Mãe. Não faltará a retribuição.
>
> «Com uma cordial saudação e a bênção sacerdotal. J. K.»

Perante os tribunais eclesiásticos

A 30 de setembro, chegou outro decreto proibindo-lhe que permanecesse em Schönstatt. A 22 de outubro, partiu para a Suíça.

A 22 de dezembro, o Visitador mandou-o abandonar a Europa e destituiu-o do cargo que ocupava nas ramificações da Liga de Schönstatt. Em janeiro de 1952, deram-lhe como domicílio a residência dos Palotinos de Milwaukee. Mas como não se podiam conseguir os vistos com rapidez, foi-lhe concedida permissão para voar até à América do Sul e ali esperar o visto americano. A 21 de junho de 1952, Kentenich chegou a Milwaukee, onde trabalhou durante onze anos como capelão dos imigrantes alemães, sem manter, como lhe fora indicado, o menor contacto com a sua fundação.

«A consequência geral das circunstâncias concomitantes» — escreve Monnerjahn — «foi que a separação da sua Obra não se limitava a uma simples transferência, mas supunha um desterro, e não apenas isso: essa separação, como era de temer, lançou escuras e espessas sombras sobre a sua pessoa e a sua Obra. Em vão o Santo Ofício afirmou enfaticamente que o afastamento de Schönstatt era uma simples medida administrativa, não disciplinar, e portanto não equivalia à imposição de um castigo, ao qual nem a vida nem a doutrina do padre Kentenich teriam dado motivo.

«Por mais que todas essas explicações correspondessem à verdade, não podiam impedir a propagação de rumores e calúnias que afetavam ao mesmo tempo o Fundador e a fundação, sobretudo se tivermos

Os santos, pedras de escândalo

em conta que, com o desterro, não faltou quem se dirigisse à autoridade eclesiástica com testemunhos agravantes contra ele e contra os seus»[21].

A visita apostólica não havia terminado: durou quase dois anos, e muitos pensaram que seria o fim da Obra de Schönstatt. «Sabemos de fontes bem autorizadas» — escreve Monnerjahn — «que o papa Pio XII chegou a ter sobre a sua mesa de trabalho o decreto de dissolução da fundação do padre Kentenich, para ser assinado. Mas não o assinou. Pelo contrário, no verão de 1953, ordenou que se desse por terminada a visita apostólica. Além disso, a 3 de agosto, o Santo Ofício concedeu o *nihil obstat* a um Estatuto Geral que se havia elaborado nesse meio tempo e que vinha a ser uma espécie de lei fundamental para toda a Obra»[22].

Não obstante, começou um tempo difícil para a fundação, em que muitas pessoas alheias duvidavam de que fossem verdade as palavras do padre Kentenich: «O sopro de Deus animou a fundação do Movimento de Schönstatt»[23]. Foram tempos dolorosos — escreve Monnerjahn — «cuja explicação última se deve procurar no mistério da liberdade humana e nos desígnios e governo da Providência Divina»[24].

A partir desse momento, a Obra de Schönstatt passou a depender da Congregação dos Palotinos, apesar de os membros do Movimento terem continuado a defender a sua peculiaridade e a sustentar que houvera uma iniciativa divina implicada no ato fundacional de 1914.

Perante os tribunais eclesiásticos

«Mais de dez anos duraram as vicissitudes da luta, que ocupou e preocupou os bispos, as Conferências Episcopais e diversos Dicastérios romanos. Sobre ela se discutiu nos corredores do Concílio Vaticano II e dela se chegou a falar na própria assembleia conciliar. Três Papas estudaram o assunto e contribuíram para resolvê-lo definitivamente: Pio XII, João XXIII e Paulo VI. Sem exagerar, pode-se dizer que esta controvérsia constitui um dos capítulos mais instrutivos da história eclesiástica do nosso século e, como disse certa vez o padre Kentenich, "é toda ela uma lição exemplar". Mas, para a família Schönstatt, significava mais, pois era uma lição vivida da Providência Divina. E assim se compreende que, embora aqueles anos tivessem sido uma Via Sacra e um Calvário para Schönstatt, a controvérsia e a luta tenham acabado por reforçar a sua vinculação com a Igreja»*.

Foram anos particularmente confusos. «Sei que se critica muito a Obra de Schönstatt» — disse o Núncio de um país sul-americano —, «mas espero que, com o decorrer do tempo, a opinião pública se habitue ao vosso movimento e que as críticas desapareçam. Além disso, não deveis temer a crítica. Quem conhece a história da Igreja sabe de antemão

---

* E. Monnerjahn, *José Kentenich. Una vida para la Iglesia*, Encuentro, Madri, 1985, p. 267. Uma das falsas acusações que se dirigiam ao movimento era que os seus sacerdotes careciam de «sentido eclesial»: como salientou um bispo, os sacerdotes de Schönstatt sempre se distinguiram pelo seu exemplar «sentir com a Igreja», e esforçaram-se tanto quanto possível por fazer próprias as indicações do Santo Padre e dos bispos. Cf., entre outros, D. Mondrone, *Padre José Kentenich. Una valida esperienza religiosa per oggi*, em *I Santi ci sono ancora*, vol. I, Pro Sanctitate, Roma, pp. 305-323.

Os santos, pedras de escândalo

que movimentos como o vosso sempre tropeçaram com dificuldades. Não pode ser de outro modo, pois a vossa Obra é de tal vitalidade e prega um cristianismo tão puro e ardente, que provoca nas pessoas uma instintiva reação de defesa. Não é outro o destino dos movimentos dotados de uma abundância tal de energia que invadem todos os setores da sociedade»[25].

Por fim, a situação resolveu-se. Em 1963, o então bispo de Münster, Joseph Höffner, foi nomeado *moderator et custos*, «moderador e guardião» da Obra de Schönstatt, e com isso era-lhe confiada a tutela de toda a instituição. Em 1964, a Santa Sé reconheceu--a oficialmente e desligou-a dos Palotinos. A 20 de outubro de 1965, os Cardeais do Santo Ofício, em sessão plenária, suspenderam todas as resoluções sobre o padre Kentenich, o que foi confirmado quarenta e oito horas depois pelo Papa. A 22 de dezembro de 1965, Paulo VI recebeu-o em audiência. Dois dias antes, tinha completado oitenta anos. No dia 25, voltou a Schönstatt. Era o «milagre de Natal», pressentido por ele muitos anos antes.

No ano seguinte, a 4 de junho de 1966, foram aprovados pela Santa Sé os Estatutos dos sacerdotes de Schönstatt, e, dois anos mais tarde, a 15 de setembro de 1968, José Kentenich falecia em odor de santidade.

Acusações de ex-membros

Com frequência, os fundadores tiveram que passar por uma tribulação cujos precedentes se encontram nas próprias páginas do Evangelho: a defecção de alguns dos seus filhos espirituais. É um fenômeno antigo na vida da Igreja e das fundações eclesiásticas, de que poderíamos citar muitos exemplos. Basta recordar as famosas cartas de São Bernardo aos monges que abandonavam os seus mosteiros*. E não é de estranhar que alguns desses homens e mulheres se tivessem transformado, com o passar do tempo, em detratores dos seus antigos fundadores ou das instituições a que pertenciam. Recordemos alguns casos acontecidos na vida de Santa Teresa, de São Francisco de Sales e de São Josemaria Escrivá.

---

* Veja-se, por exemplo, a *Carta 112*: «Sofro por ti, meu filho Godofredo», escreve São Bernardo a um desses que abandonaram a vocação, «sofro por ti. E com razão. Quem não se doerá de que agora [...] se manche com a imundície dos vícios a flor da tua juventude, que ofereceste incorrupta a Deus, em oblação de agradável odor? Foste chamado por Deus, e agora segues o diabo que te dissuadiu? Cristo tinha começado a arrastar-te atrás de Si, e agora voltas atrás, no próprio átrio da Sua glória? [...] Volta, suplico-te, volta antes que a corrente te arraste e o redemoinho te trague. Volta antes que te afundes até esse ponto do qual já não se pode emergir, antes que sejas lançado, atado de pés e mãos, às trevas exteriores [...], antes que partas para o país das trevas e da sombra da morte. Talvez sintas vergonha de voltar por teres fraquejado durante um momento; envergonha-te antes da queda, de não voltares à batalha a fim de tornares a lutar. A batalha ainda não terminou, ainda não se separaram os exércitos que se digladiam entre si; a vitória ainda está nas tuas mãos. Basta que queiras. Quanto a nós, [...] sairemos alegres ao teu encontro, receber-te-emos de braços abertos, e diremos: façamos uma festa e alegremo-nos, porque este nosso filho tinha morrido e reviveu, tinha-se extraviado e foi encontrado» (*Carta 112*, em *Obras completas*, vol. VII, *Cartas*, BAC, Madri, 1990; N. do T.).

Os santos, pedras de escândalo

«Canonizada por toda a cidade»

Entre as mulheres que tinham esperado com impaciência a chegada de Santa Teresa de Ávila a Sevilha, no ano de 1575, para ingressarem no Carmelo como noviças, havia uma — cujo nome as carmelitas silenciariam por caridade — que era, com palavras da Santa, que a olhava com reserva, «uma grande beata, que já estava canonizada por toda a cidade»[1].

«Essa pobrezinha» — conta a Priora de Sevilha — «era muito mais santa na sua opinião que na do povo, e, como entre nós lhe faltaram os elogios, pois o rigor da regra é a pedra de toque para revelar os quilates do que só brilha na aparência, achou-se sem nada e começou a sentir-se descontente, e nós muito mais com ela. Jamais foi possível fazê-la submeter-se às Constituições. Tinha quarenta anos, grande autoridade, e sabia encontrar uma saída para escapar de cada coisa que não fosse do seu agrado: umas vezes, alegava as suas doenças para não comer o mesmo que nós, e dizia que as nossas comidas a inchavam e que podíamos ler em Galeno que não lhe convinham; outras, desculpava-se com a falta de costume e o grande calor da terra. A nossa Madre, achando que o tempo a iria emendando, e para não a apertar, ordenava que a suportássemos e, às vezes, autorizava-a a confessar-se e a falar com os clérigos seus conhecidos»[2].

Além do que esclarece a Priora, o comportamento daquela mulher dentro do convento era bastante

Acusações de ex-membros

estranho; por exemplo, entre outras singularidades e caprichos, costumava reagir intempestivamente quando via que alguma noviça conversava com a Santa no seu quarto...

Tempos depois, abandonou o Carmelo. Estava furiosa por ter comprovado que aquele gênero de vida era superior às suas forças e descarregou o seu rancor de um modo tristemente comum: denunciou a Santa à Inquisição. Um dia, entre um tropel de gente, os juízes e os notários bateram à porta do convento, enquanto os alguazis montavam guarda junto da entrada.

Começaram os interrogatórios, sob a acusação de que as carmelitas seguiam os princípios dos «iluminados»*. É preciso dizer que essa acusação, naquela época, era gravíssima; e mais ainda quando o acusado era uma mulher como Santa Teresa, cujos escritos já haviam sido denunciados à Inquisição e cujos êxtases eram comentados em toda a Castela. Além disso, a Santa foi acusada de ouvir as suas monjas em confissão. Foi então que Teresa de Jesus descobriu quem era a acusadora e o motivo daquelas furtivas intromissões no seu quarto.

Acusaram também as carmelitas de realizar umas «cerimônias» ou «ritos suspeitos». A verdade é que, não tendo véus suficientes para irem comungar, as monjas os passavam umas às outras, e esse obrigatório

---

* Corrente ou movimento religioso popular, que causou muito reboliço na Espanha do século XVI. Caracterizava-se pelo acento excessivo nas devoções e fenômenos místicos, verdadeiros ou falsos; e pregava um abandono «quietista» nas mãos de Deus, isto é, que o fiel «iluminado» podia considerar-se salvo independentemente da sua conduta pessoal (N. do T.).

Os santos, pedras de escândalo

intercâmbio de véus era «a cerimônia» suspeita de heresia. E como, depois de comungar, costumavam pôr-se à sombra, de frente para a parede, pois a grade da comunhão estava num lugar abrasado pelo sol, a ex-carmelita viu nisso outro rito perigosíssimo.

Chegou a sustentar que se atavam umas às outras de pés e mãos e que se flagelavam mutuamente. «Deus quis que não tivesse dito mais», comentou a Priora, Maria de São José[3].

Aquela busca não deu em nada por falta de provas. «Mas nem por isso a situação era menos grave» — comenta Auclair —, «pois a suspensão do processo só significava ausência de provas flagrantes, e o tribunal continuou empenhado em obtê-las»[4].

Uma carta falsificada

Se, no caso de Santa Teresa, perdemos o rastro do nome da acusadora, no de São Francisco de Sales sabemos pelo menos o seu sobrenome. Quem difamava o Santo era uma certa Belot, sobrinha de um Secretário de Estado que não gozava de boa reputação.

Essa mulher tinha pedido a São Francisco de Sales que a autorizasse a viver por um tempo no convento da Visitação, a fim de mudar de vida. O Santo deu--lhe o seu consentimento e posteriormente teve várias conversas com ela, ficando com a impressão de que realmente tinha mudado de disposições. Mas, pouco tempo depois, ainda que tanto ele como Joana de Chantal, superiora do convento, tivessem feito todo o

Acusações de ex-membros

possível para ajudá-la, comportou-se de maneira parecida à da carmelita e, como ela, primeiro abandonou o convento e depois deixou de lado os seus propósitos de vida reta. Não demorou a dar vários motivos de escândalo na pequena cidade de Annecy, onde São Francisco residia*, e tornou-se amante de um dos cavaleiros do séquito do duque de Nemours.

A princípio, o Santo empenhou-se com todas as forças, mas de um modo discreto, em reconduzir aquela mulher ao bom caminho. Mas em vão. E quando percebeu a dimensão que o escândalo ia ganhando, julgou prudente censurar o fato em público.

Irritado, o amante da Belot apoderou-se de uma carta do bispo e, copiando a sua letra, falsificou uma outra em que o Santo pedia desculpas à mulher e lhe confidenciava em segredo «os seus verdadeiros sentimentos».

Depois de preparada a carta, a Belot e o seu amante armaram uma pequena comédia: fingiram ter brigado, e o amante foi mostrando a todo o mundo, com aparente despeito, a falsa carta que teria levado à ruptura amorosa. Henry-Coüannier relata o acontecido com um linguajar um tanto arrebicado, mas expressivo:

«Quando o duque de Nemours soube do inacreditável rumor, quis ver a carta. Já havia recebido muitas cartas do bispo; comparou, pois, a letra e não podia crer no que viam os seus olhos. Perguntou ao

---

* São Francisco de Sales era bispo da tradicional Sé de Genebra, mas teve de residir na cidade vizinha de Annecy porque Genebra estava sob o domínio dos calvinistas (N. do T.).

sr. Foras, grande amigo de Francisco: "Que pensam do bispo de Genebra?" "Que é um santo". "Então não se deixem mais enganar". O sr. Foras negou-se absolutamente a acreditar naquele papel; levou-o ao bispo, que o leu tranquilamente e apenas pareceu levemente surpreso: tinha por princípio que, diante das calúnias, era bom justificar-se, porque se deve prestar essa homenagem à verdade, mas que, se a acusação continuasse, era preciso rebatê-la com a indiferença e o silêncio. Declarou simplesmente que ele não era o autor daquela carta. Admirou-se de que tivessem imitado tão bem a sua letra, devolveu a carta ao amigo e não se preocupou mais com o assunto»[5].

A história complicou-se mais tarde com o desafio para um duelo, que não chegou a travar-se, e com numerosos cochichos pela cidade sobre a vida das freiras, que acabaram estampados grosseiramente num cartaz colocado à entrada do convento: «Harém do bispo de Genebra».

A superiora do convento, Santa Joana Francisca de Chantal, indignada, quis recorrer à justiça, mas São Francisco negou-se a fazê-lo. Soube-se depois que o autor da inscrição era um advogado da cidade, chamado Pellet, «que não poupava maledicência alguma» contra São Francisco. Um dia encontrou-se com o Santo, que o saudou afetuosamente e lhe disse:

«O senhor me quer mal e procura por todos os meios denegrir a minha reputação. Não se desculpe, porque sei muito bem que é assim. De qualquer maneira, aproveito a ocasião para lhe dizer que, se me tivesse machucado ou arrancado um olho, não deixaria de olhá-lo amorosamente com o outro»[6].

Comportou-se do mesmo modo com a Belot e com uma das filhas do advogado, que, anos mais tarde, entrou como religiosa na Visitação. Repetia-se a atitude humilde e generosa de São José de Calasanz e de tantos outros santos para com os seus detratores.

Reescrevendo a história

Não faltaram, até os nossos dias, comportamentos semelhantes de ex-membros de diversas instituições da Igreja. Muitos deles recordam-nos o de um sacerdote que, quando São Vicente de Paulo tomou medidas para evitar que os erros do jansenismo penetrassem na sua Congregação, resolveu deixá-la e, uma vez fora, fez pública profissão de ateísmo, provocando um grande escândalo. Mais tarde, declarou que as religiões eram pura questão política...[7]

Quando São Josemaria Escrivá foi beatificado, alguns ex-membros do Opus Dei propalaram todo o tipo de falsidades contra o Fundador e contra essa instituição da Igreja, mesclando, com frequência, recordações pessoais de difícil — ou impossível — verificação com fatos reais, mas manipulados conforme o seu *animus* denegridor. Outros tentaram uma autêntica «reescritura» das suas vivências pessoais dentro do Opus Dei e até da história dessa instituição. Algumas dessas pessoas, após terem abandonado a sua vocação, chegaram a uma

Os santos, pedras de escândalo

concepção de vida muito distante da cristã. Outros verteram nas suas declarações à imprensa toda a espécie de mentiras[8].

Essas contradições não são «um fenômeno raro na história da Igreja» — esclarecia D. Álvaro del Portillo, sucessor do Fundador do Opus Dei —: «muitos santos foram, no seu tempo e lugar, "sinal de contradição", a começar pelo Mestre, o próprio Cristo; e foram-no principalmente aquelas figuras que traziam ao mundo grandes inovações, como São Francisco de Assis, Santa Teresa de Jesus, São João Bosco»[9].

«Ataques sistemáticos à fama» — comentava o Fundador do Opus Dei em *É Cristo que passa* —, «conspurcação da conduta irrepreensível. Essa crítica mordaz e lancinante atingiu o próprio Jesus Cristo, e não é raro que alguns reservem o mesmo sistema para os que, embora conscientes de suas lógicas e naturais misérias e erros pessoais — pequenos e inevitáveis, dada a humana fraqueza, acrescentaria —, desejam seguir o Mestre. Mas a comprovação dessas realidades não nos deve levar a justificar tais pecados e delitos — falatórios, como lhes chamam com uma compreensão suspeita — contra o bom nome de ninguém. Jesus anuncia que, se o pai de família foi alcunhado de Belzebu, não é de esperar que se conduzam melhor com os de sua casa; mas também esclarece que *quem chamar néscio a seu irmão, será réu do fogo do inferno*.

«Donde nasce essa apreciação injusta dos outros? É como se alguns usassem continuamente umas viseiras que lhes alterassem a visão. Não acreditam, por princípio, que seja possível a retidão ou, ao menos, a luta constante por comportar-se bem. Como diz o antigo adágio filosófico, recebem tudo segundo a forma do recipiente: em sua prévia deformação. Para eles, até as coisas mais retas refletem, apesar de tudo, uma atitude retorcida que adota hipocritamente a aparência de bondade. "Quando descobrem claramente o bem — escreve São Gregório —, esquadrinham tudo para examinar se, além disso, não haverá algum mal oculto" [...].

«Não seria sincero se não confessasse que as considerações anteriores são algo mais do que um rápido respigar em tratados de direito e de moral. Baseiam-se numa experiência que não poucos viveram na sua própria carne, da mesma maneira que muitos outros foram, com frequência e durante longos anos, o alvo de exercícios de tiro de murmurações, difamações e calúnias»[10].

Difamações através de panfletos e na imprensa

Foram frequentes, ao longo dos tempos, as acusações contra os santos e as instituições eclesiásticas por meio de panfletos, impressos anônimos etc. Os folhetos caluniosos contra os dominicanos que circularam pela Universidade de Paris, durante a época em que São Tomás de Aquino exercia ali a docência, são um exemplo entre centenas.

Guarda em torno do convento

Em 1252, quando São Tomás passou a lecionar na Universidade de Paris, debatia-se uma questão espinhosa: os professores seculares sentiam-se postergados dentro da Universidade pelos professores religiosos, isto é, pelos dominicanos e franciscanos, que, pela sua grande preparação intelectual, eram procurados por muitos alunos. Os dominicanos, além disso, eram os únicos religiosos que detinham duas cátedras, e converteram-se rapidamente em alvo de todas as críticas.

No meio do fragor da polêmica, na qual teve de intervir o próprio Papa Inocêncio IV para acalmar os ânimos, os seculares «espalharam por toda a parte um libelo difamatório em que acumulavam

Os santos, pedras de escândalo

toda a sorte de acusações contra os dominicanos, verdadeiros causadores, segundo eles, de todo o mal-estar da Universidade e mesmo da Cristandade inteira. E, não contentes com isso, multiplicaram as intrigas, as difamações, as calúnias, de palavra e por escrito, não só entre os estudantes, mas também entre o povo fiel»[1].

Ocorreram então novas intervenções do Papa, novos tumultos e panfletos, até que os inimigos dos dominicanos «passaram aos fatos [...]. Redobraram de esforços para indispor todo o mundo contra os odiados dominicanos e infernizar-lhes a vida. Obrigavam os estudantes a não assistir às aulas desses professores, irrompiam nelas gerando alvoroço para que não as pudessem dar, apedrejavam o convento de São Tiago e lançavam flechas contra as suas janelas. Os frades não podiam sair sem serem insultados, maltratados e feridos. As coisas chegaram a tal extremo que o rei São Luís teve de colocar uma forte guarda permanente ao redor do convento, para que os defendesse dia e noite contra toda a tentativa de assalto»[2].

Essas agitações atingiram também São Tomás enquanto pregava na igreja do convento de São Tiago, no Domingo de Ramos, em abril de 1259. Durante a homilia, um tal Guillot levantou-se e começou a ler em público um daqueles panfletos, em que se alternavam a prosa, o verso denegridor e as canções indecentes. Quando Guillot acabou de ler o papel, São Tomás continuou a prédica como se nada tivesse acontecido.

A longa tradição dos panfletos

Séculos mais tarde, São Francisco de Sales também teve de haver-se com os propagadores de libelos, como se depreende do seu epistolário.

> «O ministro La Faye» — diz o Santo — «escreveu um livro expressamente contra mim; não poupa a calúnia. Passa por alto uma multidão de defeitos meus, que são sem dúvida reprováveis, e não me censura senão pelos que, pela graça de Deus, não tenho: ambição, ócio ostensivo, luxo em cães de raça e cavalariças, e outras loucuras semelhantes que não só estão longe dos meus desejos, como são incompatíveis com a premência dos meus afazeres e a forma de vida que o meu cargo me impõe. Sendo assim, dou graças a Deus por esse senhor não conhecer os meus defeitos, já que não os quereria curar senão pela maledicência»[3].

Mas a ação denegridora dos libelos chegou ao seu apogeu nos séculos XIX e XX, com o desenvolvimento dos meios de comunicação. Esses avanços tecnológicos permitiram aos denegridores orquestrar campanhas de desprestígio nunca antes imaginadas, que acabaram por alcançar, nos nossos dias, como é bem sabido, uma grande virulência e um notável impacto sociológico.

No século XIX, Santo Antonio Maria Claret teve de sofrer várias campanhas de imprensa. Com isso, os seus inimigos provocaram por todo o país uma onda de difamação que levou aos catorze atentados de que foi vítima ao longo da sua existência. Perseguiram-no no próprio leito de morte: nos últimos dias da sua vida, propalaram que estava em Fontfroide (França) reunindo armas para os carlistas*, e alguns exaltados estiveram a ponto de sequestrá-lo do lugar onde agonizava.

Do «clamor público»

Também Santa Micaela foi perseguida através da imprensa. Como se fossem poucos os ataques que teve de sofrer por parte de parentes, alunas e ex-alunas, e de grande número dos seus contemporâneos, teve que enfrentar também o ódio da imprensa madrilena. *El Observador* abriu fogo contra ela, no dia 1º de abril de 1851, com uma matéria em que se afirmava que a caritativa viscondessa consentia na convivência entre o capelão e as alunas do colégio[4]. Era o fruto amargo das intrigas de um eclesiástico contra ela.

Tudo parecia ter ficado por aí. Mas, no dia seguinte, *El Clamor Público* publicou outra matéria sob o título malicioso de «Fraternidade». E poucos dias depois *El Observador* voltou à carga com um artigo tendencioso que deformava a seu bel-prazer a história de uma mãe que havia deixado as suas filhas no colégio e as encontrara «transformadas

---

*   Movimento político espanhol do século XIX, de cunho tradicionalista — desejava anular a constituição liberal adotada depois da ocupação napoleônica —, que desembocou nas chamadas «guerras carlistas» (1833-40 e 1872-76), revoltas que pretendiam reconduzir ao trono um ramo exilado dos Bourbon (N. do T.).

Difamações através de panfletos e na imprensa

em verdadeiras beatas». O artigo batia nos lugares-comuns de sempre — falta de liberdade, «fanatismo» — e concluía denegrindo as religiosas, que «ficaram muito satisfeitas de terem conseguido uma alma para o céu à custa das lágrimas e do desespero da infeliz senhora. Soubemos que esta pretende recorrer à autoridade competente para tirar as suas filhas da escola»[5].

A princípio, a Santa absteve-se de responder: foram alguns amigos seus que se encarregaram de deter a campanha. Mas mudou de atitude quando os ataques começaram a vir de alguns jornais que se diziam defensores de um ideário católico, como o *La Esperanza*. Esse jornal reproduzia, a 25 de maio de 1853, um artigo aparecido em *Novedades* três dias antes, em que se pedia que se transferisse para a sede do Colégio da Santa a nova Casa da Maternidade, com o fim de dar um uso satisfatório a um edifício que, «se traz alguma utilidade beneficente, é bem pouca»[6].

Dessa vez, a Santa decidiu intervir e pediu energicamente uma retificação por parte do jornal, o que efetivamente aconteceu dias mais tarde. «Eu, da minha parte, nada sei» — escrevia a Santa ao jornal, aludindo à suposta mudança de uso da sede do Colégio — «e creio que o senhor também não, pois consta-me que na Junta geral nada se tratou sobre isto. Por isso, a verdade é que — permita-me este desabafo — estranhei e me doeu que o senhor tivesse deixado transcrever num jornal tão magistral e acreditado como o seu isto que podemos chamar uma dessas inúmeras sandices que lemos com tanta frequência em alguns papéis públicos...» A seguir, explicava a realidade da situação no seu Colégio e assinava: «Micaela Desmaisieres López de Dicastillo, Viscondessa de Jorbalán, Madri, 26 de maio de 1853»[7].

Essas escaramuças jornalísticas foram alimentando em torno da sua pessoa, ano após ano, uma «lenda negra» que veio a ter uma ampla ressonância popular. Chamaram-na «pedra de escândalo», e era difamada nas lojas, nos jornais e nas festas de sociedade; até as próprias senhoras que a ajudavam materialmente a caluniavam. Uma delas, a baronesa de Rocafort, propalava por toda Barcelona que a única coisa que a Santa pretendia era «ficar com o dinheiro que se dá às desamparadas»[8].

Os motivos que impelem a difamar costumam ser muito variados: inveja, rancor, despeito, frivolidade... No caso da Santa, os seus parentes falavam mal dela porque não compreendiam que se tivesse desfeito tão radicalmente de todos os bens; algumas alunas, porque tinham sido mandadas embora do Colégio pela sua conduta pouco reta, e serviam-se da calúnia para se vingarem; as donas das casas de prostituição porque — como se entende mais facilmente — pensavam que, se a Santa continuasse a recolher as mulheres de má vida, o negócio delas iria à falência. Desses ambientes tão variados foram surgindo — à maneira de cada um — numerosas mentiras que a imprensa ia lançando aos quatro ventos. Talvez a mais baixa e mesquinha tenha sido

Difamações através de panfletos e na imprensa

a que assegurava que o Colégio situado em Atocha era uma casa de lenocínio e que a única coisa que a Santa queria era fazer comércio com aquelas jovens que recolhia. «Devem ser uma e a mesma coisa a mulher que pede — sussurravam alguns — e aquelas pelas quais pede»[9].

Caluniavam-na os seus credores, algumas das suas alunas, as suas antigas amizades; e tudo isso chegava às páginas da imprensa. Alguns desses caluniadores retratar-se-iam mais tarde, mas a calúnia é inestancável e, por mais esforços que se tivessem feito para restabelecer a verdade, foi dando os seus frutos amargos por toda a parte: as maledicências corriam de boca em boca, exageradas até à caricatura. Dizia-se em voz baixa por toda Madri — especialmente nas classes populares — que a Santa se entregava a «excessos criminosos»[10].

«O apostolado peculiar de Micaela» — conta o seu biógrafo — «atrai-lhe o ódio, a maledicência e a perseguição, com todas as agravantes que os acompanham. Não existe melhor sinal de que cumpriu o seu dever»[11].

Sofreu, como o padre Claret, numerosos ataques e várias tentativas de assassinato. Certa vez, uma das donas das casas de prostituição arruinadas atentou contra a sua vida e esteve a ponto de estrangulá-la. Em diversas ocasiões, as suas alunas tentaram envenená-la[12]. Muitos intimidavam-na «de navalha na mão», como recorda Carlos Marforí[13]. Por vezes, a Santa descobria milagrosamente as intenções dos seus inimigos: «Vamos à capela» — disse

Os santos, pedras de escândalo

corajosamente a um agressor que trazia uma arma escondida — «e ali o senhor me dará a punhalada que pensa dar-me, porque quero que seja diante de Jesus Sacramentado». Em muitas ocasiões, os seus agressores arrependiam-se das suas intenções diante dela[14]. Como aconteceu com tantos outros santos, «pelos seus inimigos os conhecereis».

Histórias forjadas

Como muitos outros no nosso século, o Fundador do Opus Dei teve de sofrer ao longo da sua existência muitas campanhas difamatórias. «Foi perseguido» — comentava o pe. Antonio Rodilla —, «falsamente acusado e caluniado em público [...]. Havia ferocidade e pertinácia na perseguição. Não ouvi calúnias nem acusações contra a sua vida privada, mas sim a respeito da sua atuação apostólica — cujos fins se consideravam avessos — e da sua ortodoxia [...]. Amanhava-se uma historieta em que se misturavam dados verdadeiros e evidentes com outros inventados e irritantes. E uma vez produzida a irritação, faziam-na cevar-se até a cegueira, e corria como um incêndio na floresta, não só entre os ressentidos, sempre famintos de morder, como entre os mais sensíveis às injustiças; e maus e bons se uniam contra o inocente caluniado: o padre Josemaria e a sua Obra eram uma organização secreta, clandestina e herética»[15].

Durante a vida de São Josemaria, publicaram-se artigos caricaturescos e difamatórios contra a sua

Difamações através de panfletos e na imprensa

pessoa; e depois da sua morte, apareceram, sob a forma de «biografias» ou «novelas de inspiração biográfica», diversas obras caluniosas contra a sua figura. Numa delas, chegou-se a equiparar a instituição por ele fundada, o Opus Dei, a uma seita terrorista. O resultado final foi uma montagem falsificadora e absurda: um conjunto de injúrias, com um objetivo claramente escandaloso. Um desses livros apareceu na época do falecimento de mons. Escrivá; outro veio à luz pública aproveitando a notícia da sua beatificação. Não faltou quem tentasse ridicularizar, ponto por ponto, as considerações espirituais do seu livro *Caminho*[16].

Até o martírio

São Pedro Poveda e a instituição teresiana sofreram uma forte campanha de desprestígio durante os anos anteriores à Guerra Civil espanhola. A virulência das acusações que mencionamos a seguir não fazem mais que mostrar a eficácia do serviço que esse Fundador e a sua obra prestaram à Igreja.

«Onde há uma professora teresiana» — gritava o jornal *El Trabajo* em 3 de abril de 1935 —, «o ultramontanismo e a caverna* terão os seus mais

---

* O ultramontanismo foi um movimento político da França e da Espanha que defendia as monarquias de cunho antigo, não-constitucionais, oficialmente católicas e, ao menos nominalmente, vinculadas de perto ao Papado. Dizia-se que defendiam a influência de «além dos montes» (de Roma, situada além dos Alpes) nos assuntos internos do Estado. Na imprensa liberal, o termo tornou-se o equivalente de «conservador», «ultrapassado», «pré-histórico»; daí a alusão à «caverna», ao «homem das cavernas», que estava de moda na época (N. do T.).

Os santos, pedras de escândalo

firmes arquivistas, e como infelizmente esse tipo de professoras abunda mais do que aconselha a prudência — muito especialmente nesta província —, não seria nenhum abuso que os criadores da nova escola pusessem os pingos nos i's e obrigassem essas obtusas e desgraçadas professoras a restringir as suas atividades contrárias à República». Outro jornal, *La Libertad*, acusava as teresianas, a 22 de fevereiro de 1935, de querer dispor «do futuro da Espanha».

Do Ministério de Instrução Pública acusavam-nas de ser um «foco de contágio que infeccionava os novos ares republicanos»[17], e o jornal *Revolución* lançava novas injúrias: «Por que não se castigam as teresianas, professoras do ensino público, que infligem um castigo severo às alunas que não querem ensino religioso? Sr. Prefeito, o povo democrático não está disposto a tolerar essas inquisições de que são objeto as meninas pelas mãos dessas professoras cavernícolas, representantes de Cristo. Povo, acorda do teu letargo!, lança para longe a preguiça e rebela-te contra essas aliadas dos sentimentos de Torquemada! Pais que tendes filhas, não há quem consiga levar aos tribunais e condenar essas teresianas; aplicai-lhes a lei de fugas»*.

E o *Trabajo* de Burgos comentava: «Uma das maiores calamidades que podem ter atingido a República é esse cru fanatismo de que os Institutos Teresianos imbuíram as suas professoras»[18].

---

* D. Mondrone, *El Padre Poveda*, p. 289. Expressão usual na Espanha para indicar as execuções sumárias feitas por policiais ou milicianos. Equivale mais ou menos ao que às vezes se designa como «resistência à prisão» (N. do T.).

Difamações através de panfletos e na imprensa

Nos dias de hoje, essa retórica belicosa e flamífera pode parecer-nos, mais do que ofensiva, ridícula, tanto pelo tom exaltado como pela série de incongruências e falsidades que proclama. Mas não se pode esquecer que artigos como esses foram o caldo de cultivo de um clima antirreligioso que fez com que a 28 de julho de 1936, no início da Guerra Civil, o padre Pedro Poveda morresse mártir, assassinado por ódio.

Relacionamento com o poder público

Manobras insidiosas

Como é bem sabido, os inimigos da Igreja tentaram muitas vezes, ao longo da história, vincular os santos a obscuras manobras políticas. A acusação é quase tão antiga como a própria cristandade, e as suas consequências refletem-se admiravelmente no diálogo mantido entre Thomas More e Richard Rich na Torre de Londres, sobre as competências temporais e espirituais do Estado e da Igreja.

— «Master More, todos sabem que sois homem discreto e sábio, e versado nas leis do reino. Perdoai-me, pois, a audácia de vos propor sem malícia uma questão. Suponhamos, Sir, que uma Ata do Parlamento me fizesse rei. Não me teríeis por tal, Master More?

— «Sim, Sir; assim o faria.

— «Suponhamos agora que uma Ata do Parlamento me fizesse Papa. Não me teríeis por Papa, Master More?

— «Para responder ao vosso caso, Master Rich, dir-vos-ei que o Parlamento pode muito bem intervir no *status* dos príncipes temporais. E para responder à segunda suposição, propor-vos-ei o seguinte caso. Imaginai que o Parlamento editasse

Os santos, pedras de escândalo

uma lei estabelecendo que Deus não deve ser Deus. Diríeis por isso, Master Rich, que Deus não seria Deus?»[1]

As insídias contra os homens de Deus desempoeiram frequentemente o velho ardil de Rich, e pretendem apresentar os atos que procedem de convicções religiosas como desobediências civis, como manobras contra o poder estabelecido ou como ingerências em questões políticas. As calúnias servem-se muitas vezes dessa perfídia, da qual poucos homens da Igreja se viram livres.

O próprio São Francisco de Sales teve de esclarecer diversas maledicências desse tipo, como se verifica no seu Epistolário, do qual extraímos uma carta ao duque da Savoia, Carlos Manuel I, datada de 12 de junho de 1611:

> Senhor:
> Tendo sabido que sou acusado perante Vossa Alteza de certas negociações tortuosas de Estado com os estrangeiros, não saio do meu assombro, pois não consigo compreender que aparência de fundamento possa ter dado pé a semelhante calúnia. Se o meu ministério pastoral me obrigou recentemente a ir a Gex e a permanecer nessa cidade por alguns dias, não é menos certo que, como em todos os outros lugares, me abstive de tudo o que fosse alheio à minha profissão: pregar, abordar temas doutrinais, reconciliar igrejas, consagrar altares, administrar os sacramentos[2].

O purgatório do Padre Claret

Ao longo da história, houve casos em que os governantes recorreram aos santos para lhes pedir conselho. São Luís, rei da França, consultava São Tomás de Aquino sobre assuntos graves de governo, «e, quando tinha de reunir o seu Conselho, costumava informar frei Tomás, na véspera, pedindo-lhe que lhe fizesse chegar o seu parecer às primeiras horas do dia seguinte. O Santo cumpria fiel e escrupulosamente esses encargos»[3].

Não era esse o caso de Santo Antonio Maria Claret, nomeado confessor da rainha. A sua função era especificamente espiritual, e ele jamais intervinha em qualquer questão de governo da Corte, que então se via a braços com todos os conflitos próprios do século XIX na Espanha. As circunstâncias históricas eram, evidentemente, muito diversas das de São Tomás; e, além disso, Isabel II da Espanha não era precisamente São Luís da França... O Santo não escondia a sua animadversão pelo ambiente palatino; e ainda que a família real o estimasse, o tempo que passou no palácio foi, em suas próprias palavras, um «purgatório».

«Não consigo» — escreveu na sua *Autobiografia* — «conformar-me nem ter paz permanecendo em Madri. Sei que não tenho feitio para cortesão nem para palaciano; por isso, ter que viver na Corte e estar continuamente no Palácio é para mim um permanente martírio»[4]. E houve um momento em que, cansado de observar as intrigas palacianas,

Os santos, pedras de escândalo

teve este desabafo: «Quase chego a alegrar-me imaginando uma revolução, para que assim me expulsem da Corte»[5].

A Corte não foi para ele um purgatório somente do ponto de vista material, pelas exigências de caráter social que lhe impunha aquele cargo de alcance especificamente pastoral; converteu-se também num verdadeiro purgatório moral. Começaram a acusá-lo de que se intrometia em política, o que era rigorosamente falso: «Em matéria de política» — escreveu na sua *Autobiografia* —, «nunca quis intervir, nem antes, quando era um mero sacerdote, nem agora, mesmo que várias vezes me tenham espicaçado a fazê-lo». E reconhecia que «a minha inclinação sempre me chamou para as missões; no entanto, para comprazer a Senhora (a rainha), submeti-me e fiz violência a mim mesmo»[6].

Por esse motivo, teve de sofrer, como diria mais tarde, «toda a espécie de infâmias, calúnias, escárnios e perseguições, até de morte, muitíssimas vezes. Fui objeto de panfletos, caricaturas, fotografias ridículas e infamantes»[7]. Os seus inimigos escreveram dois livros com o mesmo título de outros dois que ele publicara anteriormente — *Ramalhete* e *Chave de ouro* —, atribuindo-lhe falsamente a autoria dos mesmos e incluindo nas suas páginas, para difamá-lo, figuras ignóbeis e obscenas.

A sua conduta na Corte e as suas ocupações exclusivamente espirituais foram distorcidas pelos adversários da Coroa ou pelos que queriam conseguir algum proveito pessoal; e atribuíram-lhe interesses

Relacionamento com o poder público

partidários ou ingerências em assuntos temporais que nunca teve. «Antes» — escrevia ele, referindo-se a si mesmo — «era admirado, apreciado e até louvado por todos, e agora, com exceção de pouquíssimos, todos odeiam o padre Claret e dizem que é o pior homem que já existiu e que é a causa de todos os males da Espanha»[8].

Os gigantes do Leste

Embora estejam muito próximos de nós, não podemos esquecer-nos de alguns homens da Igreja contemporâneos — como os cardeais Wyszynski, Tomasek, Mindszenty — e de tantas outras figuras que foram verdadeiros gigantes da fé e escreveram uma página comovente de fidelidade à Igreja como vítimas da tirania do regime nazista e dos regimes comunistas da Europa do Leste, no meio de tribulações e, às vezes, incompreensões de alguns católicos do mundo ocidental. Um deles, o cardeal Wyszynski, falecido em 1981, tem já iniciado o processo de beatificação.

«Seria inconcebível» — escreve o cardeal Gagnon no seu prólogo ao livro de Memórias do bispo Kazimierz Majdanski — «salientar os sofrimentos de milhares de homens e mulheres nos campos de concentração e não considerar como um tesouro o heroísmo demonstrado por tantos cristãos sustentados nas suas tribulações pela fé e pelo amor»[9].

Conta Majdanski: «Os nossos dados pessoais — ainda que fossem parcialmente conhecidos, pois a Gestapo tinha-se apossado dos fichários diocesanos — eram anotados agora na prisão. Falar-se-ia depois frequentemente nos meios internacionais (já que, evidentemente, a propaganda nazista era muito ativa) de uma atitude de clara hostilidade do clero polonês, "politizado" contra os adversários, e isso já constituía motivo de prisão. Mas essa atitude de "hostilidade" era de toda a nação polonesa [...]. Nem eu nem os meus companheiros tínhamos jamais desenvolvido qualquer atividade política»[10].

Joseph Mindszenty, cardeal-primaz da Hungria, é outra dessas figuras dramáticas e heroicas do nosso tempo. Nascido em 1892, enfrentou sucessivamente o regime de Horthy, a ocupação alemã e o domínio comunista. Durante os primeiros anos da ocupação soviética no seu país, opôs-se heroicamente às autoridades comunistas em defesa das liberdades da Igreja e da tradição espiritual do povo húngaro. Para o denegrir, orquestrou-se uma forte campanha contra ele, como recorda nas suas *Memórias*[11].

«Os ataques e calúnias contra a minha pessoa duraram todo o verão. Para prepararem o meu encarceramento, intensificaram no outono uma campanha cujo lema era: "Aniquilemos o Mindszentismo! Pelo bem do povo húngaro e a paz entre a Igreja e o Estado!" Ordenou-se à juventude estudantil e aos operários das fábricas que se manifestassem nas ruas contra mim. Agentes comunistas conduziam os manifestantes até o palácio episcopal e exigiam dos bispos que afastassem "o obstinado e frustrado" cardeal-primaz do vértice da Igreja húngara»[12].

Esgrimiram contra ele os costumeiros chavões marxistas: que era um inimigo do povo, que aproveitava as festas marianas para «manobras contrarrevolucionárias» etc. O cardeal respondeu a essas falsas acusações dizendo que «tomados em conjunto, os meus setenta e oito predecessores nunca foram tão difamados, tão caluniados e envolvidos em manobras mentirosas como eu».

Foi detido em Esztergom a 26 de dezembro de 1948, acusado de alta traição, e transferido para os calabouços de uma prisão preventiva em Budapest, numa situação de abandono total. Depois sofreu todo o tipo de vexames em defesa da fé, e só o deixaram em liberdade anos mais tarde, em 1956, após um julgamento absurdo.

Poderíamos citar numerosos exemplos semelhantes ao do cardeal húngaro na história recente dos países do Leste europeu. Durante muitos anos, os cristãos desses países suportaram os efeitos da gigantesca tramoia publicitária anti-eclesiástica, orquestrada pelo comunismo e, anteriormente, pelo nazismo, que afirmava que as mentiras, mil vezes repetidas, se transformavam em verdades. No entanto, Goebbels enganou-se, e a única coisa que essas mentiras acabaram mostrando — e a que preço! — foi a sua falsidade.

As vocações jovens

Três contra duas e duas contra três

Apesar do que vimos nos capítulos anteriores, a maior parte das contradições que os santos sofreram não foram promovidas pelos grandes inimigos da fé, por políticos sectários ou por dirigentes de meios de comunicação anti-cristãos, mas por pessoas muito mais próximas: com frequência, por pessoas da própria família.

Isso não é de estranhar: os familiares de Cristo também não conseguiam entender o seu comportamento. *Julgais que vim trazer a paz?*, disse Jesus aos seus discípulos. *Não, digo-vos eu, mas a separação; porque, de hoje em diante, haverá numa casa cinco pessoas, divididas três contra duas e duas contra três; dividir-se-ão o pai contra o filho e o filho contra o pai, a mãe contra a filha e a filha contra a mãe, a sogra contra a nora e a nora contra a sogra* (Lc 12, 51-53).

Estas palavras podem ser entendidas em toda a sua plenitude quando contemplamos as tensões que costuma provocar no ambiente doméstico a entrega a Deus de alguém da própria família. Essa entrega não significa uma ruptura no amor entre pais e filhos: Cristo não separa as almas, não estabelece oposições, não coloca o primeiro mandamento (amar a Deus sobre todas as coisas) *contra* o quarto

Os santos, pedras de escândalo

(amar os pais). O que fica patente numa pessoa que se entrega a Deus é uma hierarquia no coração: com a sua decisão, essa pessoa manifesta que o amor a Deus deve antepor-se a tudo, em coerência com o ensinamento constante da Igreja, fiel aos ensinamentos de Cristo: «Deve-se honrar os pais» — recordava Santo Agostinho —, «mas a Deus deve-se obedecer»*. A formulação evangélica não deixa lugar a dúvidas: *Aquele que ama o seu pai ou a sua mãe mais do que a mim não é digno de mim; aquele que ama o seu filho ou a sua filha mais do que a mim não é digno de mim* (Mt 10, 37).

Na sua viagem à Irlanda, João Paulo II recordava aos pais que «o vosso primeiro dever e maior privilégio como pais é transmitir aos vossos filhos a fé que recebestes dos vossos pais. O lar deveria ser a primeira escola de religião, assim como a primeira escola de oração [...]. Dirijo, pois, um apelo aos pais irlandeses para que continuem a fomentar vocações para o sacerdócio e para a vida religiosa nos seus lares, entre os seus filhos e filhas»[1]. Mas, com frequência, os pais, os irmãos, os amigos não vêm as coisas do mesmo modo.

Neste aspecto, os santos tiveram que enfrentar sérias oposições, como tantos outros milhares de pessoas que se entregaram a Deus nestes vinte séculos de cristianismo. «Quando a minha mãe soube

---

* Santo Agostinho, *Sermo* 100, 2. A Igreja ensina que não é verdadeira piedade filial a que leva a não seguir a vocação, a não corresponder ao chamamento de Deus. «Dai a cada um o que é seu» — dizia Santo Agostinho —, «de acordo com uma escala de obrigações; não subordineis o anterior ao posterior. Amai os pais, mas colocai Deus antes dos pais».

As vocações jovens

da minha resolução [de fazer-se monge]» — escreveu São João Crisóstomo —, «tomou-me pela mão, levou-me ao seu quarto e, fazendo-me sentar junto à cama onde me havia dado o ser, desatou a chorar e a dizer-me coisas mais amargas que o seu pranto». A sua mãe, viúva, foi-lhe recordando tudo o que havia feito por ele desde o seu nascimento; e pediu-lhe, entre lágrimas, que não a abandonasse na velhice, deixando-a viúva pela segunda vez. «Espera até o fim dos meus dias» — dizia-lhe Antusa —, «e quando me tiveres entregado à terra e me tiveres colocado junto dos ossos do teu pai, poderás então dispor da tua vida [...]. Não te faltei em nada...»[2]

Naquela ocasião, João tinha 23 anos e cedeu. Só as palavras de um amigo o levaram mais tarde a seguir a sua vocação. Se tivesse seguido o conselho materno, talvez não chegássemos a ter um São João Crisóstomo.

«Não te deixaremos em paz»

Uma senhora de Siena, Lapa di Puccio di Piagente, preferiu as ameaças às lágrimas. «Tu te casarás ainda que se rompa o teu coração!», disse à sua filha Catarina, quando esta lhe comunicou, aos dezessete anos, que decidira entregar-se a Deus no celibato, sem sair do próprio lar. «Não te deixaremos em paz» — sentenciou *Monna Lapa* — «até que faças o que te mandamos».

Mas Santa Catarina de Sena permaneceu irredutível ante a pressão familiar: «Nisso jamais obedecerei

Os santos, pedras de escândalo

à vossa vontade; tenho que obedecer a Deus antes que aos homens. Se quereis ter-me em casa nestas condições, deixai-me ficar como criada; farei com alegria tudo o que boamente puder fazer por vós. Mas se me mandardes embora por haver tomado esta resolução, sabei que isso de maneira nenhuma mudará o meu coração».

O seu pai, ao ouvi-la, apoiou a sua decisão: «A partir de hoje, ninguém perturbará esta minha filha querida nem se atreverá a levantar obstáculos no seu caminho. Deixai-a servir o seu Esposo com inteira liberdade e que reze diligentemente por nós. Nunca poderíamos arranjar-lhe um casamento tão honroso. Portanto, não nos queixemos por termos, em vez de um mortal, o Deus imortal feito homem».

Cumpriam-se à letra as palavras do Evangelho: a mãe contra a filha... A partir daquele dia, vendo que nem sequer o marido estava do seu lado, *Monna Lapa* suportou, entre mil protestos, a decisão de Catarina de permanecer solteira, e aceitou arreganhando os dentes as suas mortificações, o seu desprendimento, as suas esmolas, a sua dedicação aos doentes... Mas explodiu de cólera quando começaram as inevitáveis maledicências que sempre acompanharam os santos. Quem mais difamava Catarina era, curiosamente, uma das doentes que ela atendia com mais sacrifício, uma cancerosa de língua viperina. Aquilo foi a gota que encheu a taça do orgulho ferido de *Monna Lapa*: «Se não deixares de cuidar dela — ameaçou —, se eu vier a saber que estiveste perto do lugar onde ela mora, nunca mais voltarei a chamar-te filha».

As vocações jovens

Não foi essa a única oposição que a jovem Santa teve de enfrentar. Na sua breve vida, foram-se sucedendo «calúnias infamantes [...], ciúmes de mulheres piedosas, ceticismo de frades e sacerdotes, opiniões dos doutos que se pronunciavam sobre a ignorância da filha do tintureiro»[3].

Muito poucos anos depois, aquela jovem conseguiu encerrar um dos capítulos mais tristes e dolorosos da história da Igreja: fez com que o Papa abandonasse definitivamente Avinhão e regressasse a Roma. A sua mãe, comovida, foi testemunha da exaltação da filha na procissão solene das suas relíquias organizada em Siena na primavera de 1383[4].

Um protótipo de intransigência

Mais intransigente ainda com a vocação do filho foi Teodora de Teate, mãe de Tomás de Aquino, que demonstrou com atos que não era uma mulher fácil de demover quando se lhe metia uma ideia na cabeça. Pérez de Urbel retrata-a como uma «condessa feudal, autoritária, dura e altiva»[5]. Tinha enviado Tomás, aos cinco anos de idade, ao mosteiro de Monte Cassino, onde um parente do seu marido, Lindolfo Sinibaldi, era abade. Parece que a sua ideia era «que o filho caçula chegasse um dia a ostentar a mitra abacial»[6].

Mas a tormenta estalou quando, depois de diversas peripécias que o levaram a estudar em Nápoles, Tomás decidiu, aos dezoito anos e contra a vontade da mãe, entregar-se a Deus na Ordem dos Pregadores.

Os santos, pedras de escândalo

Teodora era uma mulher decidida. Onde estava Tomás? Em Nápoles? Para lá se dirigiu. Mas Tomás havia ido a Roma. Foi a Roma. Quando lá chegou, disseram-lhe que tinha partido para Bolonha com o Mestre Geral, João de Wildeshausen. Enfurecida, chamou os outros filhos, Aimon, Filipe, Reinaldo e Adenolfo, que pertenciam à milícia do imperador Frederico II, e ordenou-lhes que fossem em busca do irmão, que o trouxessem preso e o encarcerassem na fortaleza familiar de Montesangiovanni. Teodora não tinha lá um conceito muito apurado da liberdade...

Os irmãos encontraram o jovem Tomás a caminho de Bolonha, em meados de maio de 1244, perto de Aquapendente, enquanto descansava com os seus companheiros junto de um manancial. Chegaram a galope, prenderam-no, tentaram tirar-lhe o hábito e levaram-no à força, primeiro a Montesangiovanni e depois a Roccaseca, o antigo castelo familiar, onde o encarceraram. Ali, Teodora tinha tudo planejado: depois da força masculina, poria em jogo a habilidade feminina. As suas filhas Marotta e Teodora encarregar-se-iam de fazê-lo mudar de opinião, agora já não por meio da força, mas pela persuasão. Disseram-lhe que, se se fizesse beneditino, poderia chegar a ser abade... Qualquer coisa, qualquer coisa antes que ser frade mendicante. Mas as palavras das irmãs mostraram-se inúteis, e o que é pior: ao ver a atitude do irmão, Marotta começou a vacilar e decidiu ingressar no mosteiro das beneditinas de Cápua.

As vocações jovens

Quase ano e meio depois, Tomás continuava inflexível. Os seus irmãos tentaram então uma solução violenta: tiraram-lhe os livros e o hábito e deixaram-no vestido com farrapos. Em vão. Decidida a lançar mão de todos os meios possíveis, a mãe mudou de tática; pensou que, já que não podia vencer a intransigência do filho nem com palavras nem pelo uso da força, conseguiria dobrá-lo servindo-se de uma mulher. Trouxeram uma prostituta e, certa noite, introduziram-na provocadoramente no quarto de Tomás. Este, assim que a viu, aproximou-se do braseiro, pegou um tição ardente e a «senhorita» fugiu espavorida...

Por fim, Tomás não encontrou outra solução senão descer com uma corda pela janela da fortaleza e escapar... Estremecemos só de pensar o que teria significado para a teologia e para a Igreja inteira se Teodora tivesse conseguido alcançar o seu objetivo...

O duque e o mercador

D. Ferrante Gonzaga, pai de Luís Gonzaga, opôs também todas as dificuldades imagináveis à vocação do seu filho: «O meu filho não será frade!», repetia. Fez com que o levassem a Florença para ser pajem do grão-duque Francisco de Médici, esperando que o ambiente da corte o conquistasse. Mas o jovem Luís regressou ao lar, em Castiglione, tão decidido a entregar-se a Deus como antes. O pai enviou-o então à corte do rei da Espanha, onde permaneceu três anos.

Ao voltar, porém, Luís manifestou o seu propósito de ingressar na Companhia de Jesus. Tiveram lugar então cenas violentíssimas entre pai e filho, e este acabou por adoecer. D. Ferrante voltou a enviá-lo sucessivamente às cortes de Mântua, Ferrara, Parma e Turim... até que, por fim, cedeu[7].

Pietro di Bernardone, um rico mercador de tecidos da Úmbria, manteve-se na mesma atitude irredutível: não estava disposto a aturar mais as loucuras do seu filho Francisco. Estava farto de vê-lo chegar a casa meio nu por ter dado aos pobres a capa, o chapéu e a camisa; não suportava mais que vivesse numa gruta e mendigasse pelas ruas de Assis, ou que se dedicasse a comprar pedras em troca de tecidos da sua loja, para reconstruir uma igreja. Para o pai, Francisco era — como escreve Bargellini — «a desonra da família. Se se tratasse de uma vocação religiosa, talvez Pietro di Bernardone não visse com maus olhos que o filho entrasse como noviço no mosteiro dos beneditinos de Subásio; depois poderia tornar-se um padre respeitado e honrado por todos. Mas assim, não! Comia numa asquerosa tigela as sobras alheias misturadas numa repugnante confusão. Era como se tivesse prazer em degradar-se»[8].

Certo dia, Pietro di Bernardone não aguentou mais e recorreu a um método que se vem repetindo até hoje: denunciou-o; quis declará-lo incapaz e conseguiu que fosse intimado pelos magistrados da cidade. Mas Francisco não compareceu. Então o pai foi à sede episcopal e mandou-o chamar por meio do arcebispo, Guido Secundo. Dessa vez, o filho apareceu. O mercador exigiu-lhe que lhe devolvesse o dinheiro: o equivalente às pedras de construção que havia comprado com a venda dos seus tecidos!

A história é conhecida: quando o futuro Francisco de Assis escutou o pedido do pai, tirou a roupa que vestia, ficando apenas com uma faixa de cerdas à cintura, juntou todas as peças e lançou por cima um punhado de moedas...[9]

Táticas

A mãe de São Francisco de Sales, conhecedora desse tipo de reações, preferiu a habilidade feminina às lágrimas, as ameaças às denúncias. A decisão do seu filho de se entregar a Deus comprometia os seus planos de que fizesse um belo casamento com a filha do duque da Savoia, e ela resolveu ganhá-lo pelo coração. Durante certo tempo, graças à índole conciliadora de Francisco, que não sabia dizer «não», pareceu-lhe que aquela tática dava resultado. Tudo foram evasivas e dilações, até que chegou o momento dos esponsais e Francisco disse um rotundo «não», especialmente chamativo «num filho que nunca dizia não a nada».

«Mas quem te pôs essa ideia na cabeça?», gritava o pai. «Uma escolha desse tipo de vida exige mais tempo do que pensas», insistia furioso. Mas, ao vê-lo tão decidido, a mãe cedeu, movida em parte pelo temor: «É melhor permitir que este filho siga

Os santos, pedras de escândalo

a voz de Deus» — disse ao marido —. «Senão, vai fazer como São Bernardo de Menthon; acabará por escapar-nos...»

E deixaram-no, por fim, seguir a sua vocação[10].

Os senhores Beltrán, Juan Luís e Ângela Exarch, de uma das melhores famílias de Valência, foram muito mais compreensivos do que esses pais que acabamos de mencionar. De maneira nenhuma queriam interferir na vocação do seu filho Luís. Queriam simplesmente «*orientá-la*»: isto é, só pediam ao filho que esperasse algum tempo antes de tomar a decisão; e que, por causa da sua frágil saúde, ao invés de dominicano, se fizesse cartuxo ou jerônimo. Mas um dia, aos dezoito anos, o jovem Luís decidiu não pôr mais os pés em casa e ingressar no convento. O pai enfureceu-se e começou com as conhecidas acusações: o filho tinha sido influenciado por aqueles religiosos, não havia dúvida de que era maltratado no convento, e, além disso, não o deixavam falar com ele!

Nessa situação, o jovem Luís escreveu ao pai uma carta serena, redigida num estilo enérgico e conciso, que revela, apesar da juventude, a admirável fortaleza do seu caráter:

> «Recebi uma carta de vossa mercê e, olhando-a bem, vejo que, em suma, contém duas coisas: uma, que, já que quero ser religioso, pensam que devo servir a Deus na Cartuxa ou na Ordem de São Jerônimo; a outra, que os padres desta casa me persuadiram a ser religioso nela. Sobre o primeiro ponto, tenha

As vocações jovens

paciência vossa mercê, pois isso não seria consolo para mim... Quanto ao segundo, creia-me vossa mercê que estes padres me foram contrários, mas por fim, vendo a minha importunação e persistência, pareceu-lhes que não condescender comigo seria resistir ao Espírito Santo... Diz o Padre-Mestre que me dará licença para que vossa mercê me fale a sós, se vier até aqui. Aliás, trata-me com tanta crueldade que, à vista das minhas doenças, me pôs na melhor cela e me faz jantar três vezes por semana, contra a minha vontade. E por fazer tanto frio, tirou do armário a roupa de que tinha necessidade e deu--ma. Com isto, espero que vossa mercê se console e descanse, já que eu estou consolado no meu espírito e, quanto às forças do corpo, me sinto melhor que em toda a minha vida. Cuide de que não se diga de vossa mercê o que diz Davi: "Tremeram onde não havia nada que temer". A graça do Espírito Santo guarde vossa mercê, a senhora minha mãe e todos, como o peço dia e noite».

Anos mais tarde, aquele jovem cuja saúde, segundo os seus pais, «não resistiria» às exigências da vocação, embarcou para o Novo Mundo, evangelizou numerosos índios de Nova Granada, e as crônicas asseguram que chegou a batizar quinze mil num só dia. Conhecemo-lo como São Luís Beltrão.

E, como em tantos outros casos similares, teve o consolo de escutar dos lábios de seu pai moribundo estas palavras: «Filho, uma das coisas que nesta vida me deram mais pena foi ver-te frade, e hoje o que mais me consola é que o sejas. Encomendo-te a minha alma»[11].

Na atualidade

Curiosamente, no mundo atual continuam a ocorrer essas tenazes oposições. É uma realidade que contrasta surpreendentemente com a tolerância com que se encaram os grandes problemas da sociedade dos nossos dias, como a delinquência juvenil, o terrorismo — composto, na sua maioria, por jovens e, às vezes, quase adolescentes —, o negócio das drogas e do sexo, que conta com os jovens como seus maiores consumidores etc. Em alguns países, dá-se o triste espetáculo de mães-adolescentes, de jovens que vivem sós aos quinze anos, fruto do divórcio e de um sentido de independência mal assimilado. E no entanto, em muitos desses países, criou-se um forte fluxo de opinião negativa que, paradoxalmente, considera que a idade em que os programas oficiais estimulam a juventude às relações pré-matrimoniais, e em que se julga que ela é capaz de todas as aberrações, é a idade em que se encontram «psicologicamente imaturos para a entrega a Deus»[12].

O historiador Peter Berglar denuncia semelhante incongruência: «Por que duvidar de que, assim como há jovens que são "capazes" de entregar-se a uma vida de pecado, de prostituição, de extorsão ou de violência, haja outros que sejam "capazes" exatamente do contrário, quer dizer, de amar a Deus, de se dar a Ele por inteiro, de viver a castidade? Não me cabe na cabeça que os jovens adolescentes — quer os pais o queiram, quer não — tenham o direito (pelo menos na

As vocações jovens

Alemanha) de não assistir às aulas de Religião, e não se lhes reconheça a possibilidade de optar por servir a Cristo e a sua Igreja. Essa época, a adolescência, não é um dado arbitrário: a Igreja sabe, por uma longa experiência, que, em geral, um cristão adolescente é capaz de reconhecer o modo e a essência de uma vocação divina e de segui-la»*.

Dá-se uma trágica incoerência de atitudes, que Soror Ângela da Cruz denunciava, em fins do século passado, com todo o vigor do seu gênio: «Por que têm que encarar tudo da pior maneira? Por que razão, ao verem uma moça recatada e vestida com modéstia, a acusam de caprichosa, estranha e fraca? E não dizem: "Teve de contrariar as suas inclinações naturais, mas desprendeu-se de tudo por Deus, e não faz outra coisa senão perscrutar a divina Vontade, porque aprecia mais a sua alma que o seu corpo"? E quando, depois de conhecida a Vontade de Deus, essa jovem decide deixar a família, e dizem que isso é abandonar a sua obrigação, por que não se detêm a considerar que aquela que procede assim faz maior sacrifício que os que a criticam, já que normalmente o seu amor é mais desinteressado e o seu carinho mais respeitoso? E por fim, por que não percebem

---

* P. Berglar, *Opus Dei. Leben und Werk des Gründers Josemaría Escrivá*, Salzburgo, 1983. Neste sentido, diz o arcebispo de Viena no artigo antes citado: «Nem sempre é fácil deixar que um filho parta, nem mesmo no caso do matrimônio. Se, em todo o caso, deixa a casa por causa do chamamento de Jesus e em plena liberdade, não se trata de forma alguma de uma fuga dos deveres familiares, e não se pode levantar a crítica de uma influência injustificada por parte de uma comunidade. [...] Com efeito, cada membro da família é livre de escolher o seu próprio caminho de vida. Também a este respeito é preciso ser tolerante, respeitando a decisão da consciência individual» (card. Christoph Schönborn, *Há seitas dentro da Igreja?*; N. do T.).

Os santos, pedras de escândalo

que, enquanto são chamadas ingratas, elas sofrem e o seu coração se despedaça vendo padecer a sua mãe, a quem amam mais do que demonstram?»[13]

O «caso Ubao»

Um caso paradigmático de intolerância é o tristemente famoso «Caso Ubao». Para o entender adequadamente, é preciso enquadrá-lo no contexto histórico fortemente anticlerical do início do século na Espanha, onde a imprensa, como esclarece Gómez Molleda, «aproveitou a liberalização do regime para mostrar a sua hostilidade à Igreja e até — por parte dos periódicos mais sectários — para instigar as turbas, que em determinadas ocasiões cometeram atos delituosos contra pessoas e casas religiosas. A campanha fez-se decididamente forte e "oficial" alguns anos mais tarde e, sobretudo, a partir de 1900. [...] Observou-se na imprensa o desencadeamento de uma sistemática campanha antirreligiosa, que escolhia os "casos" apropriados e os lançava ao vento de todos os modos possíveis, para que chegassem aos pontos mais vulneráveis da massa»[14].

O caso escolhido nessa ocasião foi o de Adela Ubao, uma jovem de vinte e três anos que, depois de vencer uma forte oposição materna, conseguiu entrar no noviciado das Escravas do Sagrado Coração, em Madri, a 12 de março de 1900. A sua mãe, viúva, e os seus irmãos entraram com um processo nos tribunais que hoje nos pareceria ridículo, se nos nossos dias não continuassem a acontecer casos

As vocações jovens

com características muito semelhantes. Atualmente, é outra a terminologia e outro o modo de enfocar essas questões; mas continuam a esgrimir-se as conhecidas acusações de sectarismo, de extrema juventude dos candidatos — que são sempre maiores de idade —, de lavagem cerebral*..., e que revelam a mesma intolerância de fundo, a mesma falta de respeito à liberdade e a mesma incompreensão do fenômeno religioso.

A sra. Ubao denunciou o caso ao juiz de primeira instância, e este, na primavera de 1900, ouviu o depoimento de Adela, que declarou ter entrado no convento por uma decisão pessoal absolutamente livre. Diante das evidências, o juiz deu a sentença em favor de Adela. A família apelou imediatamente para a Audiência de Madri.

«Os Ubao» — prossegue Yáñez — «contrataram como advogado Nicolau Salmerón, e o caso, em si intranscendente, carregou-se com o peso de todos

---

* Com o termo «lavagem cerebral», ou outros análogos, «pretendem alguns aludir aos métodos desumanos, aplicados pelos regimes totalitários, de influenciar e mudar a personalidade do homem. Esse termo não é de modo algum aplicável à formação dos membros de comunidades eclesiais. Com efeito, a formação é uma transformação *livremente querida*, que respeita a dignidade humana; uma transformação da pessoa inteira em Cristo, a qual deriva do apelo pragmático de Jesus a converter-se e a crer (cf. Mc 1, 14 e segs.). Quem segue a chamada de Jesus na graça e na liberdade adquire uma visão de fé em todas as dimensões da vida. Numa das suas cartas, também Paulo fala dessa transformação ao afirmar: *Não vos conformeis com este mundo, mas transformai-vos pela renovação da vossa mente, a fim de conhecerdes a vontade de Deus: o que é bom, o que Lhe é agradável e o que é perfeito* (Rom 12, 2). Na tradição cristã, esse processo foi chamado "metanoia": conversão de vida. Essa mudança de vida baseia-se na experiência do ser chamado pelo Deus vivo a segui-lO num caminho particular. A conversão é um processo de vida, que requer uma contínua e livre decisão do cristão» (card. Christoph Schönborn, *Há seitas dentro da Igreja?*; N. do T.).

os preconceitos que punham em choque os ultras e os anticlericais e rodeou-se rapidamente de uma atmosfera de confusão e paixão tipicamente decimonônica. O conjunto de argumentos aduzidos não só pela família Ubao e seus amigos, mas também por Salmerón e outros indivíduos que se diziam laicos, faz-nos sorrir, porque, na verdade, recorriam a leis divinas e eclesiásticas tanto ou mais que Adela Ubao e os seus defensores»[15].

Pouco depois, a Audiência de Madri confirmou a decisão do juiz, apesar da enxurrada de Concílios e autores eclesiásticos que Salmerón havia invocado no seu discurso. Os Ubao apelaram então para o Supremo Tribunal, enquanto Adela continuava a viver no convento, de acordo com a sua vontade.

A 30 de janeiro de 1901, foi lançada em Madri uma obra oportunista de Pérez Galdós, chamada *Electra*, que, por se referir ao caso, alcançou bastante êxito naquele momento de exaltação anticlerical. No meio desse clima, a 7 de fevereiro, teve lugar a audiência no Supremo. Salmerón citou Tertuliano, os Concílios de Magúncia e Trento, as crônicas da Ordem de São Francisco e até as *Sete Partidas* de Afonso o Sábio. O discurso causou grande impacto na plateia, e o tribunal deu a sentença contrária a Adela. A 24 de fevereiro, o juiz apresentou-se no convento para retirá-la de lá e reintegrá-la na casa da mãe. Antes de sair, a jovem fez constar em ata que o fazia forçada, contra a sua vontade, e que voltaria a entrar no convento aos vinte e cinco anos.

As vocações jovens

E assim o fez poucos meses depois, logo que completou vinte e cinco anos.

O exemplo dos santos

Poderíamos citar muitos casos semelhantes ocorridos nos nossos dias, com jovens já maiores de idade que decidiram entregar-se a Deus em diversas instituições da Igreja, quer como religiosos — dentro do Carmelo, por exemplo —, quer em diversas opções de caráter laical, como o Caminho Neocatecumenal ou o Opus Dei[16].

Numa entrevista à imprensa, em 23.07.94, o cardeal Höffner teceu comentários sobre a alegria que sentem os pais das pessoas que se entregaram a Deus no Opus Dei, embora não faltem alguns que não entendem a vocação dos seus filhos. «Um casal» — dizia o cardeal — «escreve-me: "Somos pais de três filhos, dos quais dois são membros do Opus Dei, e estamos muito agradecidos pela ajuda espiritual que receberam na Obra". Outro pai escreve: "Por experiência própria, posso dizer que os membros do Opus Dei crescem no amor às suas famílias, ao mesmo tempo que vivem as exigências da sua vocação: é o mesmo que acontece com uma pessoa que se casa. Também nesse caso, nós, como pais, devemos aceitar a ausência física dos nossos filhos, já que não os educamos para nós, mas para serem membros responsáveis da Igreja e da sociedade. Finalmente, como pais, temos de estar agradecidos pela vocação recebida pelos nossos filhos,

Os santos, pedras de escândalo

que não nos causam preocupações, pois sabemos que estão contentes. Escrevo-lhe estas impressões como pai de dois filhos que pertencem ao Opus Dei há muitos anos, sem que eu mesmo seja membro dessa Obra"».

Tudo isto confirma que «os ataques e denúncias que atingem os movimentos, associações e Ordens da Igreja Católica são mais frequentes do que parece», como se diz numa reportagem em que uns pais denunciam a atitude das suas filhas, já maiores de idade, por se terem feito carmelitas descalças.

Esses casos não constituem nenhuma novidade. «Nos séculos passados» — explicava o cardeal Höffner —, «atacaram-se duramente os jesuítas, praticamente com as mesmas armas que se empregam agora contra o Opus Dei. Como exemplo, posso citar algumas acusações publicadas por H. Meurer em 1881, onde se lê que os meninos e jovens são "amestrados" nas instituições educativas dos jesuítas; que os Estatutos da Companhia de Jesus, "mantidos secretos inicialmente", exigem uma obediência cega... E esse senhor pergunta-se: "Como é possível que a Companhia de Jesus encontre, em número suficiente, noviços que estejam dispostos a submeter-se a infâmias desse tipo?"»[17]...

Devemos acrescentar que atualmente se dão algumas peculiaridades próprias da nossa época. Depois das frequentes denúncias ao bispo e das acusações de falta de liberdade, de imaturidade etc., costuma-se pedir, inexoravelmente, uma intervenção que parece «salvadora»: a do psicólogo...

As vocações jovens

De qualquer maneira, é de justiça recordar que, ao longo da história, os pais verdadeiramente cristãos — mesmo que, inicialmente, tenham tido uma reação contrária — sempre souberam ver a vocação dos seus filhos como um privilégio e um dom de Deus, ajudando-os decisivamente a seguir essa vocação: basta recordar as figuras da mãe de São Domingos, do pai de Santa Teresa de Lisieux, da *Mamma Margherita*, a mãe de Dom Bosco, que tanto ajudou o seu filho nos começos do Oratório, e de tantos pais da atualidade.

«Bem-aventurados os que se entregam a Deus para sempre na juventude», escrevia Dom Bosco poucos dias antes de morrer, animando os jovens a entregar-se generosamente na flor da idade. No santoral encontra-se um bom número de santos jovens. A maioria dos vinte e dois mártires de Uganda tinha entre quinze e vinte e dois anos. Tarcísio, Luís Gonzaga, Domingos Sávio, Teresa de Lisieux, Maria Goretti, entre muitos outros, morreram na adolescência ou em plena juventude. E nos nossos dias, continuam a beatificar-se jovens — em muitos casos leigos —, como a jovem polonesa Carolina Kózka, o jovem francês Marcel Callo, ou as duas camponesas italianas Pierina Morosini e Antonia Messina.

O caráter dos santos

Uma imagem deformada da personalidade dos santos — mais ligada a certa iconografia de gesso repintalgado que à própria realidade — imagina-os alienados do mundo, dotados de um modo de ser angelical e nebuloso, quase fantasmagórico, como se não tivessem sido homens de carne e osso, e não tivessem tido que lutar contra as mesmas paixões que o resto dos mortais. Essa imagem deformada leva a considerar a santidade como algo adocicado e etéreo, que todo o mundo deve aplaudir, e escandaliza-se com os defeitos dos santos, quando precisamente o que prova a santidade desses homens e mulheres é a luta heroica que travaram contra esses defeitos, excedendo-se na caridade e na paciência para enfrentar, entre outras coisas, as incompreensões dos seus contemporâneos.

Alguns críticos da personalidade de determinados santos, gente que sofre de um estranho angelismo e de um grande desconhecimento da natureza humana — e do próprio conceito de santidade —, julgaram encontrar um obstáculo sério à santidade nas claras e evidentes limitações de caráter que descobriram nas vidas desses santos. Esquecem-se, talvez, das misérias patentes dos Apóstolos que as páginas do Evangelho relatam com simplicidade: a infidelidade de Pedro, a irascibilidade dos filhos de Zebedeu, a incredulidade de Tomé ou a covardia de todos — menos de João — à hora da Cruz.

Os santos, pedras de escândalo

No entanto, essas fraquezas humanas não impediram que os Apóstolos, depois do arrependimento, se convertessem em colunas firmes da Igreja e sacrificassem a vida heroicamente através do martírio. Isto demonstra que todas as imperfeições humanas podem ser purificadas quando se luta seriamente por alcançar o amor total e pleno por Cristo. Não se pode esquecer que um Agostinho ou um Jerônimo Emiliano não foram santos por terem nascido confirmados em graça — pois não o foram —, mas por terem superado as tendências mais baixas da natureza a que tinham sucumbido. Essa vitória sobre o *homem velho* (cf. Rom 6, 6; Ef 4, 22; Col 3, 9) fez do libertino do norte da África um bispo santo, e converteu aquele jovem aristocrata do Renascimento, arrogante, arruaceiro, impetuoso, duelista e vaidoso, num homem virtuoso que a Igreja elevou aos altares.

Na sua obra *Os defeitos dos Santos*, Jesús Urteaga recorda as conhecidas misérias e limitações dos Apóstolos e alguns defeitos pequenos e grandes dos santos. Todos tiveram de lutar contra alguma imperfeição, maior ou menor, do seu caráter, que habitualmente constituía a outra face da moeda de uma virtude exímia. Santa Teresa de Lisieux foi admirável pela sua constância, mas teve de polir algumas arestas da sua teimosia natural; e Santo Afonso Maria de Ligório conservou sempre — «gênio e figura até a sepultura», diz o ditado castelhano — aquele temperamento fogoso que o fazia exclamar aos oitenta anos, enquanto conversava com um conhecido: «Se

O caráter dos santos

temos que discutir, deixemos que a mesa esteja entre nós dois, pois tenho sangue nas veias».

Isso é óbvio: todos os santos foram homens com defeitos e não tem sentido escandalizarmo-nos diante dessas misérias. Um santo não é um super-homem, mas um homem com limitações, que se apaixona profundamente por Cristo e que — como fruto desse amor e da graça — chega a viver heroicamente as virtudes cristãs ao longo da sua vida, ou, no caso dos mártires, se torna capaz de dar a vida por Deus num momento determinado. A chave da santidade reside no amor a Deus, não na ausência de defeitos.

Por isso, a grandeza dos santos não esteve isenta das manias e fobias que afligem qualquer ser humano. A Bem-aventurada Ângela da Cruz teve de esforçar-se durante muitos anos por dominar aquele temperamento «vulcânico, violento», que «saltava por qualquer pretexto: pequenas divergências com alguma companheira de trabalho ou com a superiora, uma displicência do irmão, um descuido da mãe, que se esquecia de acender o fogo para esquentar a água para a sopa»[1]. E Santa Margarida Maria de Alacoque, para vencer certas manias — como a aversão ao queijo —, demorou nada menos que... oito anos[2].

Um lugar-comum: a acusação de loucura

Isto tudo não quer dizer que todas as acusações que se formularam contra os santos, ao longo da história, tenham tido um fundamento certo e real. É frequente que os caluniadores avultem alguns

Os santos, pedras de escândalo

defeitos evidentes dos santos e exagerem as suas limitações, exorbitando-as. «O santo presta-se mais a ser caricaturado pelos seus adversários do que qualquer outra pessoa» — afirma D. Álvaro del Portillo, referindo-se a determinadas críticas contra grandes fundadores como São Francisco de Assis, Santa Teresa de Jesus, São João Bosco ou São Josemaria Escrivá. «Podem converter a sua mansidão em fraqueza, ou, pelo contrário, a sua energia vital ou o seu zelo pela casa de Deus em mau-caráter, ou a sua fé heroica em fanatismo»[3].

Alguns caluniadores carregaram tanto nas tintas ao denegrirem os santos que os pintaram como autênticos monstros de maldade. E os extremos tocam-se: esses «monstros» são tão falsos como a imagem desses outros santos quase alados que alguns hagiógrafos pintavam no colo de suas mães, jejuando todas as sextas-feiras da Quaresma.

Quanto à acusação de loucura, Deus permitiu que algumas almas egrégias fossem atacadas realmente por essa enfermidade, como o pai de Santa Teresa de Lisieux, no fim da vida. Mas o normal é que os santos tenham sido acusados de «loucura» por terem amado heroicamente a Deus ou terem levado a cabo empreendimentos humanamente insensatos, ainda que lógicos à luz de uma perspectiva espiritual. «É uma loucura!» — exclamou a sra. Corbinière, esposa de um alto funcionário de Rennes, ao examinar os projetos de Joana Jugan e calcular os recursos de que a Bem-aventurada dispunha. De um ponto de vista meramente econômico, a sra. Corbinère

O caráter dos santos

tinha toda a razão[4]. E São João de Deus, após a sua conversão, não só foi considerado louco, como chegaram a encarcerá-lo num manicômio.

Uma fundadora desconhecida

Entre tantas figuras da Igreja do século XIX, destaca-se pela sua humildade Santa Rafaela Maria, Fundadora das Escravas do Sagrado Coração, que algumas das religiosas da sua Congregação destituíram com a falsa desculpa de que estava louca. «Foi deixada totalmente à margem» — declarou a Madre Matilde Erice no processo de beatificação —, «esquecida e, às vezes, tratada com pouca consideração. Basta dizer que algumas religiosas professas (e faço notar que, entre nós, não se chega à profissão perpétua senão depois de cinco e às vezes até sete anos de permanência no Instituto) ignoravam até mesmo que existisse a Madre Sagrado Coração»[5].

Fez-se pensar a todos que estava louca, e, como afirma o seu biógrafo, «essa viria a ser uma das questões mais difíceis de resolver no seu processo de beatificação. Após o atento estudo de todos os dados, realizado em primeiro lugar pelo pe. Bidagor e depois por uma comissão especial, chegou-se à conclusão de que a Madre Sagrado Coração possuía não apenas virtudes extraordinárias, mas também perfeito equilíbrio mental»[6].

A insídia chegou a tal ponto que o seu diretor espiritual, o jesuíta pe. Marchetti, que não sabia que ela era a Fundadora, estava firmemente convencido

Os santos, pedras de escândalo

do seu desequilíbrio, já que a Santa lhe dizia que vasculhavam os seus escritos de consciência — coisa que realmente acontecia —, e o religioso achava que essa queixa era fruto de uma doença mental.

Curiosamente e contra toda a lógica, nem sequer no processo de beatificação o pe. Marchetti se retratou da sua opinião sobre o estado psíquico da Fundadora, ainda que reconhecesse a heroicidade das suas virtudes[7].

Micaela, a louca

Houve uma expressão que se fez tristemente célebre em determinados ambientes madrilenos em meados do século XIX: «a louca da Micaela». Quem popularizou a alcunha nos ambientes da Corte foi o duque de Pinohermoso, que não entendia o «disparatado» empreendimento levado a cabo pela sua prima, a viscondessa de Jorbalán. A Fundadora das Adoradoras queria redimir as mulheres de má vida. Não cabia na cabeça do duque que uma mulher da nobreza espanhola, rica e abastada, pudesse dedicar-se a essas tarefas até chegar ao extremo de endividar-se economicamente e converter-se em alvo de chacota de todos os seus antigos amigos da Corte. Aquilo, na mentalidade do duque, não podia ser senão desatino, desequilíbrio, excentricidade; em suma, loucura.

Outros muitos contemporâneos seus — que depois mudaram de opinião — julgavam-na da mesma maneira. «Você quer ficar famosa fazendo-se passar

O caráter dos santos

por louca», diziam-lhe as suas amigas[8]. Havia quem pensasse que «agia por mania» e outros que se consideravam no dever de trazê-la à realidade, como o marquês de Arenal, que disse à Fundadora, quando a visitou no mosteiro:

«É possível que a senhora tenha perdido a cabeça? Está louca? Deixe-se de sandices. A sua família e os seus amigos estão desolados»[9].

Nos ambientes palacianos, onde a haviam conhecido ornada das suas melhores galas, riam-se dela quando a viam aparecer — «olhem, olhem a louca!» — com as suas alpargatas brancas e hábito de estamenha. Um diálogo entre a rainha Isabel II — que pouco depois ganharia grande afeto pela Santa — e a sua camareira põe de manifesto aquela montanha de falatórios:

— «A viscondessa de Jorbalán não é sua amiga?

— «Sim, senhora.

— «E como é que ficou louca?

— «O quê?! Senhora, ela não está louca.

— «Mas é o que dizem os seus parentes.

— «Acontece que se dedicou a salvar mulheres de má vida, com grande desgosto dos seus irmãos e parentes, e por isso a chamam louca, mas está em seu pleno juízo e é muito boa»[10].

O murmúrio converteu-se logo em clamor público e com frequência se ouvia gritar pelas ruas: «Morra a viscondessa, morra essa louca, essa perdida, que é pior que as moças que recolhe. Ela é que se deve arrepender»[11].

«Depressa! Ao manicômio!»

São João Bosco teve que passar por situações parecidas. Comenta o Santo nas suas *Memórias do Oratório*, falando de si mesmo em terceira pessoa, que, em novembro de 1845, quando começou as suas primeiras escolas noturnas, «propagaram-se falatórios muito estranhos. Uns qualificavam Dom Bosco de revolucionário, outros tomavam-no por louco ou herege. Pensavam assim: o que o Oratório faz é afastar os meninos das paróquias; por conseguinte, o pároco encontrar-se-á com a igreja vazia e não conhecerá os garotos dos quais terá de prestar contas a Deus»[12].

De pouco serviam as explicações de Dom Bosco, quando esclarecia aos detratores que aqueles meninos eram de fora e por isso não tinham pároco nem paróquia. A marquesa de Barolo, antes de despedi-lo do seu pequeno hospital, também aludiu à sua suposta loucura; e a murmuração chegou a tal extremo que dois teólogos amigos seus, Vicente Ponzati e Luís Nasi, levados pela caridade para com o Santo — estavam convencidos da sua doença —, tentaram encerrá-lo num manicômio.

Aquela tentativa de interná-lo no hospital psiquiátrico teve lances cômicos: «Consegui adivinhar-lhes a manobra» — escreve Dom Bosco —, «e, sem me dar por achado, acompanhei-os até a carruagem. Insisti em que entrassem primeiro e se sentassem. E quando o fizeram, fechei de um golpe a porta e gritei ao cocheiro: — Depressa!

O caráter dos santos

A galope! Ao manicômio, onde já estão aguardando estes dois padres!»[13]

«Louquinho varrido, mas de amor de Deus»

Também falaram de loucura alguns conhecidos do Fundador do Opus Dei, quando este iniciou o seu primeiro empreendimento apostólico corporativo: a Academia DYA. Era um centro onde se ministravam aulas de Direito e Arquitetura, e que pouco depois foi ampliado e se transformou em Residência Universitária.

Do ponto de vista meramente humano — como tantas outras iniciativas apostólicas promovidas pelos homens de Deus —, aquilo tinha visos de loucura. Com efeito, assim que a Residência começou a funcionar, D. Josemaria, que confiava acima de tudo na Providência divina, viu-se mergulhado em dificuldades e atolado em dívidas. No entanto, em vez de se afligir, enfrentou a situação com a sua fé inabalável em Deus, com a sua serenidade habitual e a sua alegria de sempre. Um conhecido seu comentou que tudo aquilo era como atirar-se de uma grande altura sem paraquedas: um empreendimento de gente louca. E alguns diziam-no em voz alta pelos corredores do seminário: «Esse aí é um louco!»

Essa acusação acompanhá-lo-ia durante toda a vida. Numa das suas viagens de catequese pela América do Sul, um pouco mais de um ano antes de falecer, um jovem universitário brasileiro perguntou-lhe, em São Paulo, qual era o sentido de umas palavras, escritas em *Caminho*, em que comparava a vocação a uma loucura.

«Nunca viste ninguém que estivesse louco?» — respondeu-lhe —. «Olha para mim! Há muitos anos diziam de mim: "Está louco!" Tinham razão. Eu nunca disse que não estava louco. Estou *louquinho varrido*, mas de amor de Deus!»

A personalidade dos Santos

Viemos considerando algumas acusações caluniosas levantadas contra os homens de Deus. Consideraremos agora os seus caracteres e temperamentos, que percorrem todo o arco da caracterologia humana. «Os santos parecem-se todos com Cristo» — escreve Douillet —, «e, no entanto, cada um deles tem a sua fisionomia própria»[14].

No livro *Os santos também são homens*, Bargellini destaca a qualidade característica de alguns santos: elogia o otimismo de São Vicente de Paulo, a tenacidade de São João Bosco, a simplicidade de São Pio X, a generosidade de São Camilo de Lelis, a coragem de Santo Inácio de Loyola, a prudência de São Tomás More, a sabedoria de São Bento...[15]

Sem nos determos a considerar o acerto na qualificação de um ou outro santo, o que o estudo de Bargellini põe de manifesto é que a santidade é «ampla»[16] e dificilmente se encaixa em esquemas demasiado estreitos. Não há um modelo unívoco de santidade, salvo a imitação de Cristo. E essa imitação

O caráter dos santos

pode assumir formas muito diversas. Pensemos, por exemplo, no contraste quase abismal que oferece a comparação entre a figura de São Jerônimo e a de Santa Teresa de Lisieux.

No entanto, de uma leitura atenta das páginas da história da Igreja, depreende-se que, juntamente com numerosos santos e santas de índole pacífica, houve muitos outros de temperamento inclinado à fogosidade.

Essa mesma característica temperamental fez com que alguns desses homens e mulheres experimentassem ao longo da sua vida uma certa tendência — notável, em alguns casos — para a irascibilidade e a cólera. O exemplo mais eloquente é o de um santo que, paradoxalmente — e isso constitui também uma manifestação da admirável vitória da graça sobre os defeitos do caráter —, passou para a história da Igreja como protótipo da amabilidade e da doçura no trato: São Francisco de Sales. «À menor palavra, subia-lhe o sangue ao rosto», recordam os seus biógrafos. E o próprio Santo confessou em diversas ocasiões que sentia «a cólera referver no meu ânimo como a água no fogo»[17].

O temperamento tempestuoso de alguns santos foi fonte de algumas incompreensões, especialmente por parte dos que pensam que a santidade está além das emoções humanas. Porque, como afirma um autor, as almas dos santos não se parecem ao Mar Morto, «cujas águas nunca ondulam ao sopro da brisa e onde a vida não agita as pesadas águas. Assemelham-se antes ao lago de Genesaré,

Os santos, pedras de escândalo

encrespado por fortes tormentas que só se acalmam à voz do Mestre»[18].

Na vida dos santos houve ondas e calmaria, desilusões e dificuldades. «Tiveram fraquezas e tentações, e também defeitos. [...] Os defeitos de Santa Gertrudes eram tão notórios que Santa Matilde perguntava ao Senhor como podia amá-la tanto. São Francisco de Assis, "que cuidou sempre com grande atenção de não ser hipócrita aos olhos de Deus", não escondeu as suas tentações de vanglória e confessou aos seus irmãos que, sempre que dava esmola, *sentia* um movimento de vaidade. Essa simplicidade e franqueza são, na realidade, uma das melhores características dos Servos de Deus e a prova de que nunca fingiram ser mais do que eram»[19].

«O dálmata semibárbaro»

A figura de São Jerônimo sobressai como um exemplo paradigmático de homem de caráter fogoso. As suas cartas revelam um temperamento ardente, quase violento, que, como atestaram os seus melhores amigos, podia explodir a qualquer instante. «Essas cartas» — escreve Pérez de Urbel — «são um vivo retrato, são ele próprio, amável, admirável e magnífico, mesmo no meio das suas asperezas, das suas susceptibilidades e das suas terríveis cóleras. Às vezes, faz-nos enrugar o sobrecenho, como acontecia com o seu amigo Marcelo, ou sorrir com aquele sorriso que devia desenhar-se nos lábios de Santo Agostinho quando recebia as suas cartas; mas, indulgentes

O caráter dos santos

com esses arrebatamentos do dálmata semibárbaro, sentimo-nos conquistados pela violência daquele grande coração, pela força daquele caráter de ferro, pela austeridade e sinceridade daquela vida»[20].

«Realmente» — escreve Antoine Roche —, «São Jerônimo reprimia ou dissimulava mal as suas simpatias e antipatias. O seu coração ia frequentemente mais longe que a sua razão e até que os seus bons propósitos. Era um pêndulo que ia de um extremo ao outro»*.

No entanto, esse homem de personalidade singularíssima[21] possuía também essa riqueza de matizes própria das almas grandes e muito especialmente das almas santas. Uma vez reprimido o ardor natural do seu temperamento, era capaz de escrever a Santa Paula estas palavras carinhosas referidas à sua neta: «Se a enviardes a mim, serei seu tutor e babá. Levá-la-ei nos meus braços, embora seja velho, e juntos conversaremos de coisas de crianças, e estarei mais orgulhoso dessa minha ocupação do que Aristóteles jamais esteve da sua»[22].

---

* J. Pérez de Urbel, *Año Cristiano*, vol. III, FAX, Madri, 1945, p. 38. «Assim, pois, como já te escrevi» — diz, por exemplo, petulantemente São Jerônimo a Santo Agostinho, a respeito de uns escritos que lhe foram entregues como sendo do bispo de Hipona —, «ou me envias a própria carta, assinada pela tua própria mão, ou paras de incomodar um pobre ancião que vive retirado na sua cela [ele mesmo, Jerônimo]. Mas se o que desejas é exercitar ou mostrar os teus conhecimentos, busca uns jovens eloquentes e nobres, dos quais dizem que há inúmeros em Roma, já que eles, sim, poderão e se atreverão a discutir contigo». Mas, logo a seguir, acrescenta: «Para que não demos a impressão de estar brigando como crianças, e oferecendo motivos de discórdia aos nossos partidários e caluniadores, escrevo-te o seguinte: desejo amar-te simples e cristãmente, e não quero reservar nada na minha alma que esteja em desacordo com os meus lábios» (*Carta 105*, em *Epistolário*, vol. II, BAC, Madri, 1995; N. do T.).

Os santos, pedras de escândalo

Esse inesperado arroubo de ternura numa personalidade como a de São Jerônimo mostra-nos a falsidade de algumas hagiografias excessivamente devotas e o exagero de muitas acusações exaltadas, que acabam por mutilar, na sua aversão ou no seu mal-entendido fervor, a complexidade espiritual e humana dos santos. A rica personalidade dos homens e mulheres de Deus não pode ser reduzida à linha puramente ascendente, quase desumana, de alguns relatos piedosos que roçam a fantasia, que parecem desconhecer a luta ascética, o esforço e os altos e baixos da luta; nem pode limitar-se a essas pinceladas simplórias que pretendem reduzir a quatro traços caricaturescos o mistério da santidade e a profundidade espiritual de uma alma profundamente enamorada de Deus.

Da língua de Santa Catarina...

Recordemos um exemplo entre muitos. Deus não havia dotado Santa Catarina de Sena precisamente de um caráter fraco. A sua personalidade era paradoxal — é o paradoxo cristão —, como a de todos os santos: era uma mulher firme, tenaz, irredutivelmente segura em Deus e com uma grande desconfiança de si mesma; frágil e forte ao mesmo tempo; ardente, intuitiva e sempre veemente; vigorosa, sem perder a feminilidade; e sempre espontânea, simples e direta no trato: «Assim como sois homem no prometer que quereis fazer e sofrer

O caráter dos santos

pela glória de Deus» — escrevia ao Bem-aventurado Raimundo de Cápua —, «não sejais mulher depois, à hora da verdade»[23].

As suas cartas revelam o seu temperamento ardente e decidido, cujos extremos linguísticos ainda hoje podem escandalizar um espírito menos prevenido. Nas cartas que escreveu ao Papa, a quem chamava «o doce Cristo na terra», vêm à tona tanto o seu amor ao Romano Pontífice como uma franqueza e uma sinceridade quase selvagens, fruto dessa liberdade de espírito própria das almas santas. Realmente, precisou dessa fortaleza para ser instrumento de renovação da Igreja na sua época; não nos deve surpreender, como recorda Roche, que essa mulher jovem se atrevesse a dizer ao cardeal-legado que deveria portar-se como um homem e não como um covarde; e que abanasse e despertasse o seu diretor espiritual quando cabeceava, dizendo-lhe com toda a força do seu gênio: «Estou falando com o senhor ou com a parede?»[24]

Também Santa Teresa de Jesus não foi precisamente uma mulher de caráter pusilânime. «Era impetuosa e viva, mas, ao mesmo tempo, fria, objetiva e prática; era simples e extremamente ladina; capaz de dar aos pobres quanto quisessem, e, no entanto, ai do comerciante que tentasse lucrar com alguma tramoia às custas do convento!; era inclinada à indignação e às antipatias naturais, a tal ponto que, quando a Priora Beatriz lhe caiu em desgraça, não suportava sequer ouvir mencionar o seu nome, e, não obstante, possuía um temperamento dos mais afetuosos e brincalhões»[25].

Como resumir em quatro traços a riquíssima personalidade da Santa de Ávila? Era transigente quando convinha: «O senhor pensa, meu Padre» — escreve ao pe. Gracián —, «que, para as casas que fundei, me acomodei a poucas coisas que não queria?»[26]; intransigente em outras coisas; profunda e divertida ao mesmo tempo. «Como não sou tão letrada como ela» — escreve, referindo-se a uma outra freira —, «não sei o que são os assírios»[27]. Era capaz de referir com toda a serenidade uma grande contradição espiritual e de se espantar — mulher, afinal — por uma insignificância: «Ó meu Padre, que desgraça me aconteceu! Estávamos bem satisfeitos, sentados sobre um feixe de trigo, junto de uma venda onde não se podia entrar, quando me subiu uma grande salamandra ou lagartixa pelo braço acima, entre a túnica e a carne, e foi misericórdia de Deus não ser em outra parte, pois creio que teria morrido»[28].

Encontramos essa riqueza de contrastes também num São Tomás More, que confessava à esposa o medo que tinha diante da dor, mas à hora do martírio foi capaz até de fazer uma brincadeira com o verdugo no próprio patíbulo onde ia ser decapitado. Quando a sua barba ficou presa entre a garganta e a madeira, disse-lhe: «Por favor, deixe-me passar a barba para o outro lado do cepo, não seja que você a corte»[29].

... às brincadeiras de São Filipe Neri

Todos os santos tiveram que lutar, de um modo ou de outro, contra os defeitos do seu caráter. São

O caráter dos santos

Vicente de Paulo teve de empenhar-se com muito esforço na luta por dominar aquele «humor sombrio, melancólico e intratável» que tanto o preocupava. O exemplo do seu amigo São Francisco de Sales, que se esforçou durante toda a vida por dominar o seu caráter, ajudou-o muito neste ponto, como o declarou no processo de canonização: «Eu mesmo fui testemunha ocular de como moderou e pacificou as paixões da alma»[30].

«Se ele pôde dominar-se — pensou São Vicente —, por que não poderei eu conseguir o mesmo?» E começou a pedir a Deus «insistentemente que mudasse aquele meu humor seco e repelente e me desse um caráter doce e benigno. Pela graça de Nosso Senhor, o meu esforço por reprimir os fervores da natureza livrou-me em certa medida desse humor sombrio»[31]. Os que o rodeavam ficaram espantados com essa mudança, especialmente a partir do retiro de 1621. Tanto que uma religiosa, Margarida de Silly, chegou a dizer dele que teria sido o homem de caráter mais amável do seu tempo «se não tivesse existido São Francisco de Sales»[32].

Nem todos os homens de Deus tiveram que lutar precisamente nesse ponto, pois Deus lhes proporcionou uma natureza afável e cordial. Podemos encontrar no santoral os caracteres mais diversos: São Vicente Ferrer é intrépido, brilhante; Santo Atanásio tem uma oratória arrebatadora; São Basílio, pelo contrário, prega de um modo contido e disciplinado. Mais próximos aos nossos dias, encontramos São Giuseppe Moscati, um prestigioso médico italiano, de caráter sereno e sério; a Venerável Ângela Salawa, empregada doméstica polonesa, simples e profunda; ou o jovem Bem-aventurado Pier Giorgio Frassati, atraente, vivaz, simpático e divertido.

De qualquer forma, todas essas caracterizações são demasiado simplificadoras e insuficientes. A graça ilumina a alma desses homens e mulheres como um caleidoscópio e dá-lhes matizes diferentes e inimagináveis. «A psicologia dos santos» — escreve Pérez de Urbel — «desconcerta-nos com frequência; o divino e o humano misturam-se neles de uma maneira tão misteriosa que, para nós, que os contemplamos a partir da nossa pobre e triste realidade, constituem verdadeiros enigmas»[33].

O grande amor a Deus que invade os santos faz com que as suas reações por vezes nos surpreendam: quando disseram a Santa Micaela que se havia profanado um sacrário em determinada igreja da Espanha, conta-se que rompeu a chorar como «não teria chorado pela morte de uma pessoa da sua própria família». E São Josemaria Escrivá, que suportou com tanta inteireza perigos, contradições e calúnias, chorou também quando ficou sabendo que, numa situação concreta de acúmulo de trabalho, umas filhas suas no Opus Dei tinham postergado a oração e o trato com Deus.

Esta sensibilidade dos santos para o divino não pode ser julgada pelos padrões toscos da mediocridade espiritual: é incompreensível. Tão incompreensível como as provas desconcertantes a que às vezes se veem submetidos: admira-nos ver Santo Afonso

O caráter dos santos

Maria de Ligório, mestre de moralistas, lutar contra os escrúpulos até o fim da vida; e impressionam, pelo seu radicalismo, as reações de um São João de Deus após a conversão, fruto do seu caráter «exaltado, imaginativo e soberanamente excitável»[34].

Só um olhar cheio de fé e que seja capaz de compreender o mundo do sobrenatural pode vislumbrar um pouco da profundidade da alma dos santos, onde se conjugam, de um modo insondável, as fraquezas próprias da natureza humana e a ajuda da graça divina, e onde se dão as lutas e as tentações, como acontece em todo o coração humano. «Deus permite as tentações» — escrevia Santa Catarina de Sena —, «não para que sejamos vencidos, mas vencedores; não confiando na nossa natureza humana, mas na ajuda divina»[35].

Poucos santos foram tão profundos, tão desconcertantes e, ao mesmo tempo, tão humanamente divertidos como São Filipe Neri, que assegurava que «um espírito alegre chega à perfeição com maior rapidez que qualquer outro»[36]. Nem a incompreensão que sofreu durante anos, fruto do ambiente hostil da Reforma, nem as dificuldades que teve de superar, conseguiram turvar a sua alegria e o seu espírito festivo, cujos extremos possivelmente não encontram paralelo na vida de outros homens e mulheres de Deus*.

---

* Alguns exemplos das suas brincadeiras, que tinham por finalidade tirar peso às preocupações cotidianas e apagar a fama da sua santidade, que crescia de maneira irreprimível: um dia saía à rua calçando um par de horríveis botas brancas; no outro, com metade da barba feita e a outra metade por fazer; às vezes, descia os degraus da igreja imitando um bêbado, e, numa ocasião em

Em geral, não são estes os aspectos mais conhecidos dos santos. Os hagiógrafos têm-se detido fundamentalmente na face «excelsa» das suas vidas, e chegaram, em certa medida, a desumanizá-los e a fazer-nos esquecer com frequência que a santidade se torna efetiva precisamente nas pequenas batalhas da vida diária. «Se na nossa vida» — ensinava mons. Josemaria Escrivá — «contamos com o nosso brio e com vitórias, devemos contar também com desfalecimentos e derrotas. Essa foi sempre a peregrinação terrena dos cristãos, mesmo dos que veneramos hoje nos altares [...]. Nunca me agradaram essas biografias de santos que, com toda a ingenuidade, mas também com falta de doutrina, nos apresentavam as façanhas desses homens como se tivessem sido confirmados na graça desde o seio materno. Não. As verdadeiras biografias dos heróis cristãos são como as nossas vidas: lutavam e ganhavam, lutavam e perdiam. E então, contritos, voltavam à luta»[37].

Como recordou D. Álvaro del Portillo por ocasião da sua beatificação, «também mons. Josemaria se sabia de barro: de "barro de moringa", costumava precisar, para ressaltar a sua fragilidade. E essa humildade permitiu que Deus fizesse maravilhas através da correspondência leal, em cada ocupação, do Fundador do Opus Dei».

Nem sequer os santos mais sisudos viveram nessa «excelsitude» quase inumana com que alguns

---

que altos prelados e até um representante do Papa participavam de uma cerimônia solene, começou a puxar a barba de um circunspecto guarda suíço, para assombro da multidão (N. do T.).

O caráter dos santos

hagiógrafos os pintaram: no meio das suas tarefas de governo, São Carlos Borromeu arranjava tempo para jogar xadrez; o sublime São Luís Gonzaga gostava de jogar bola; São Filipe Neri participava, já ancião, nos jogos dos rapazes do Oratório, e são famosas as brincadeiras que fazia com outros santos, como a que fez com São Félix de Cantalice e São Carlos Borromeu*...

Duas bofetadas

Esses episódios pitorescos, divertidos, intranscendentes, humanos em suma, fazem parte da vida quotidiana de todos os santos, mesmo daqueles que os biógrafos nos pintaram com traços mais sérios, como o Santo Cura d'Ars, a quem os seus paroquianos amavam e temiam ao mesmo tempo, pela sua santidade e pela sua severidade.

Por que se pintaram retratos tão negativos do caráter de alguns santos? Uma das múltiplas razões é que a santidade é, muitas vezes, incômoda. A Bem-aventurada Ângela Salawa foi uma feliz empregada doméstica enquanto era viva a sua primeira patroa, a

---

*   Conta-se que o cardeal São Carlos Borromeu foi pedir o parecer de São Filipe Neri sobre a regra da nascente Congregação dos Oblatos, que o cardeal acabava de redigir. Saíram ambos de carruagem, e Filipe mandou ao cocheiro que fosse para o convento dos capuchinhos em que vivia São Félix de Cantalice. Mandou-o chamar e entregou-lhe as regras do flamejante cardeal Borromeu para que as lesse e desse a sua opinião: «Ler? Mas se eu não sei ler absolutamente nada?», respondeu Félix, que era simples Irmão leigo, oriundo de uma família de lavradores. Então Filipe leu-lhe a regra em voz alta e Félix fez as suas observações com aquela sabedoria que os santos têm, enquanto «Sua Eminência Reverendíssima» anotava cada um dos seus conselhos com atenção (N. do T.).

Os santos, pedras de escândalo

sra. Fisher: uma mulher reta e piedosa. Mas, quando esta morreu, as coisas mudaram. Seu marido, um advogado incrédulo, começou a ter uns relacionamentos inconvenientes e a presença da Santa naquela casa «atrapalhava». Teve de suportar muitas humilhações e acusações injustas, até que foi despedida, acusada de roubo: diziam que havia roubado coisas que, na realidade, eram pequenos presentes que a dona da casa lhe fizera antes de morrer. Ficou na rua, totalmente abandonada, depois de muitos anos de serviço fiel[38].

Outra das causas que explicam parcialmente algumas difamações é que os santos mais difamados não viveram sob campânulas de cristal: tiveram que enfrentar circunstâncias difíceis, que puseram à prova a sua têmpera humana e espiritual.

Santa Micaela viu-se envolvida em situações muito duras para o seu gênio vivo; um «gênio e tanto», nas suas próprias palavras, «que não se domestica sem pena».

Um dia, uma das moças que havia recolhido queria ir-se embora do Colégio.

— Para onde você vai? — perguntou-lhe a Santa.

— Eu? Para um prostíbulo — disse-lhe a outra descaradamente.

Santa Micaela respondeu-lhe com uma sonora bofetada, que teve um efeito fulminante: «Só a minha mãe me castigou assim» — disse a menina, arrependida —; «obedecerei à senhora como a ela. Se ela não tivesse morrido, eu não me teria perdido».

168

O caráter dos santos

«Levantei-a» — escreve a Santa —, «abracei-a e pedi-lhe perdão de joelhos. Fiquei confundida e envergonhada com essa atitude, e não me acalmei enquanto não me confessei e pedi perdão a Deus: e foi tão de coração que isso jamais voltou a acontecer-me, graças a Deus. E essa jovem foi exemplar, mas eu decidi não salvar as almas à custa da minha e de ofender o meu Deus». No fim da sua vida, as suas filhas espirituais admiravam-se — como séculos antes acontecera com São Vicente de Paulo — «da crescente doçura do seu caráter»[39].

O bofetão de Santa Micaela evoca outra sonora bofetada, que desta vez saiu das mãos de um futuro Papa e Santo: São Pio X. Embora o caso em si seja bastante irrelevante, confirma-nos de novo que os santos não nascem, fazem-se.

«Muitos que conservam de São Pio X uma imagem suavíssima, humilde e afável» — diz o biógrafo — «ignoram que, por temperamento, era um homem irascível». Essa irascibilidade de Giuseppe Sarto — Dom Beppi — não veio nunca à tona diante das calúnias ou ofensas; só explodiu uma vez, numa situação que não deixa de ter, apesar de tudo, um ar divertido. Certa vez, a sua irmã Rosa não o deixava em paz por causa de uma dor de dentes.

— Você não é capaz de ficar calada? — perguntou-lhe Dom Beppi.

— Não, Beppi, não sou capaz de ficar calada. E gostaria que você ficasse por uma hora com esta dor para ver o que é bom!

Três ou quatro dias depois, Dom Beppi levantou-se da cama com uma fortíssima dor de dentes. A irmã perguntou-lhe o que lhe estava acontecendo.

— Estes dentes...

— Agora você vai ver o que é bom. Espero que dure uma hora!

A mão de Dom Beppi saiu disparada num movimento irrefreável.

«Cinquenta anos depois» — escreve o seu biógrafo —, «a bofetada de Dom Beppi na sua irmã deu muito trabalho na causa de beatificação. "Apesar de tudo" — explicaria o advogado defensor —, "é o único movimento de ira que não se justifica na vida de Sarto, o único ato que constitui uma ofensa pessoal. Admitindo que seja uma falta, esta exceção, à qual não se pode acrescentar nenhuma outra, é expoente de uma santidade alcançada com ímproba firmeza"»[40].

Um «temperamento pirenaico»

Em outros casos, as incompreensões que os santos sofreram tiveram por origem problemas de relacionamento que ocorrem com todos os homens na sua vida diária. A experiência quotidiana confirma que nem sempre é fácil compreender mentalidades e atitudes diferentes das nossas.

«Caráter inflexível, muito suscetível» — assim descrevia Bernadette Soubirous a Madre Maria Teresa Vauzous, mestra de noviças do convento de Saint--Gildard, pertencente à Congregação das Irmãs da Caridade e da Instrução Cristã de Nevers[41].

O caráter dos santos

O juízo que a Madre Vauzous fez sobre a vidente de Lourdes era obviamente injusto e excessivo; como esclarecia outra religiosa, essa inflexibilidade era nela precisamente uma das características do temperamento pirenaico; e essa susceptibilidade que alguns pensavam ver no seu comportamento não era senão fruto de uma grande sensibilidade. De qualquer forma, havia uma base correta na apreciação: por vezes, a Santa era brusca, impaciente, e percebiam-se nela arranques de mau humor ou teimosia que se esforçava por cortar. «Fui teimosa toda a minha vida» — recordava ela mesma com humor —. «Até na gruta fiz a Santíssima Virgem repetir-me duas vezes que fosse beber da água turva: mas Ela castigou-me fazendo-me pedir-lhe por três vezes que me dissesse o seu nome»[42].

A incompreensão sobre o seu caráter acompanhou-a desde que entrou no convento. Algumas das suas superioras consideraram-na, erroneamente, um pouco arrogante. E a Madre Vauzous tratou-a muito duramente ao longo de quase toda a sua vida religiosa, e nunca chegou a entender a simplicidade de alma daquela jovem a quem desprezava talvez pela sua rudeza campônia.

Isso fez com que Bernadette tivesse que suportar, durante longos anos, correções e reprimendas injustas, um trato frio e distante, e uma severidade que as suas superioras justificavam pelo desejo de preservar a humildade daquela alma privilegiada. No dia da sua profissão religiosa, quando o bispo quis saber a que atividade apostólica se dedicaria, responderam-lhe, na presença da interessada:

— Não é boa para nada; seria uma carga para qualquer casa a que a enviássemos.

Bernadette escutou aquelas palavras em silêncio, sem um protesto, e disse ao bispo que ela mesma já havia previsto essa inutilidade... Por essa razão, o biógrafo considera que se pode afirmar «sem assomo de ironia» que a Madre Vauzous «foi a pessoa que mais trabalhou para a sua glorificação. Um consultor da Congregação de Ritos, à saída da cerimônia de beatificação, declarou que nada demonstrou tanto a heroicidade das virtudes de Bernadette como as dificuldades que teve com a sua madre mestra»[43].

Efetivamente, como escreve Trochu, «se a vidente de Massabielle tivesse sido mimada e adulada no convento de Saint-Gildard, e tivesse podido saborear uma honra exclusivamente humana, de que modo se teria cumprido a promessa tão clara da aparição: "Não prometo fazer-te feliz neste mundo, mas no outro"?»[44]

Homens de caráter

Uma rápida vista de olhos sobre o caráter dos fundadores e sacerdotes santos da história da Igreja, como os fundadores de Ordens e Congregações religiosas — Santo Inácio, São João da Cruz, Santo Afonso Maria de Ligório, São José de Calasanz etc. —; ou a evocação de figuras da Igreja como Teresa de Lisieux ou São Josemaria Escrivá, Fundador do Opus Dei e mestre de espiritualidade laical no nosso tempo, mostra-nos patentemente que esses homens e mulheres de Deus conjugaram, admiravelmente, a fortaleza e a energia necessárias para levarem a cabo a sua missão, com os ditames da caridade e do afeto para com as pessoas com quem conviveram.

Santa Teresa de Lisieux sabia que a exigência com que tratava as noviças nem sempre era bem entendida: «Sei que [...] me acham severa. Se lessem estas linhas, diriam que não parece que me custe nem um pouco vigiá-las, falar-lhes em tom severo. [...] Estou disposta a dar a minha vida por elas, mas o meu afeto é tão puro que não desejo que o conheçam. Com a graça de Deus, nunca tentei atrair a mim os seus corações. Compreendi que a minha missão era conduzi-las a Deus»[45].

Essa retidão de intenção, esse equilíbrio entre fortaleza e afeto, encontram-se habitualmente em todos os homens de Deus que assumem a direção de almas. «Era suave e amabilíssimo» — conta um sacerdote, evocando D. Orione — «e, ao mesmo tempo, exigente conosco»[46].

No caso de São Josemaria Escrivá, isso salta à vista nos filmes que registram os seus encontros de catequese com milhares de pessoas, em diversos países do mundo, a quem ensinava a santificar-se no trabalho e a santificar todas as realidades temporais. Nessas filmagens, pelas respostas que ia dando a pessoas de todo o tipo e condição — solteiros, casados; humildes camponeses, profissionais, donas de casa; leigos, sacerdotes etc. —, nota-se perfeitamente a

Os santos, pedras de escândalo

personalidade rija e forte, e ao mesmo tempo amável e cordial desse Fundador. O seu amigo, cardeal Bueno Monreal, qualificou-o como «homem de uma vitalidade extraordinária: era um aragonês extraordinário, também pelo vigor do seu caráter. Ao mesmo tempo, tinha um grande coração, que lhe dava uma grande capacidade de cordialidade. *Era todo um caráter*, como dizem os homens da minha terra». A sua amizade era aberta para com todos. Havia nele uma plena harmonia entre as virtudes humanas e a sua vida cristã. A sua caridade era amor a Deus e amor aos homens. Falava de Deus e de coisas muito altas do espírito, e ao mesmo tempo chegava ao coração do interlocutor, que se inflamava, saindo consolado ou animado»[47].

D. José María García Lahiguera destaca a humildade como traço definitório do seu caráter. Essa virtude manifestava-se especialmente no modo de encarar as contradições que teve em vida: «Nunca se apresentava como vítima. Na realidade (já naquela época o percebia, mas agora, com a perspectiva que dão os anos, vejo-o ainda com mais clareza), a grandeza de alma de D. Josemaria fazia-o estar muito acima de tantos diz-que-diz-que, se bem que nem por isso deixasse de sofrer, mas mais pela ofensa a Deus que representava a calúnia e pelo dano que poderia causar às almas, do que por se sentir pessoalmente ferido. [...] Nunca lhe ouvi uma palavra de mau humor, nem frases cortantes, nem mesmo queixas»[48].

«A santidade» — recordava mons. Escrivá — «está em ter defeitos e lutar contra eles, mas morreremos

O caráter dos santos

com defeitos». E pregava com o exemplo: quando errava — relata uma mulher do Opus Dei, Encarnación Ortega —, «pedia perdão e agradecia. Vi-o fazer isso muitas vezes». Outra mulher do Opus Dei, Maria Begoña Álvarez, recorda que, nessas ocasiões, lhes comentava: «Perdoai-me, errei; faltava-me um dado, e agora que o tenho, penso de outra maneira».

«Surpreendia-me» — contava o irmão do Fundador — «ver o afeto rijo e sincero com que tratava os membros do Opus Dei. Rezava e mortificava-se por eles, e sabia ter, com cada um, mil delicadezas de pai. Esforçava-se por tornar amável o caminho de santidade aos que vinham para o Opus Dei, com detalhes concretos de carinho, de simpatia e de serviço.

«Os membros do Opus Dei chamavam-no *Padre* — Pai — e era-o de verdade. Porque, quando tinha de corrigir alguém, sofria muito. Mas, como os bons pais, sabia corrigir com lealdade e sinceridade, com energia, se fosse preciso. Não podia permitir-se sentimentalismos e blandícias, uma vez que era necessário cumprir um querer de Deus e havia tantas almas que confiavam no Opus Dei. Mas, pouco depois, esbanjava com aquela pessoa pormenores de ternura paterna, para que depois da repreensão ninguém se sentisse ferido»[49].

Muitos outros fundadores tiveram esse caráter ao mesmo tempo forte e cordial, que Deus lhes deu para que pudessem levar a cabo a tarefa que lhes havia encomendado. São Vicente de Paulo, que teve de enfrentar com fortaleza os erros do jansenismo e não hesitou em intervir com energia para extirpar os germes desses erros do seio da Congregação da Missão, dizia: «Continuarei a agir com mão firme, para que ninguém pretenda levantar voo livre em tais opiniões, já que é muita verdade que é grande mal para uma comunidade ver-se dividida nos seus sentimentos»[50].

Na homilia da canonização de Santo Antonio Maria Claret, 7 de maio de 1950, Pio XII aludiria ao seu «gênio vivo» e, ao mesmo tempo, à sua caridade heroica: «forte de caráter, mas com a suave doçura de quem conhece o freio da austeridade e da penitência».

Como ele, tantos outros santos mantiveram um admirável equilíbrio entre a fortaleza de caráter e a ternura, entre a gravidade e a alegria, entre a profundidade espiritual e o bom humor. Isso faz com que a personalidade dos homens de Deus seja tão atrativa. Nos *Artigos para o Processo apostólico*, define-se o padre Poveda como um homem «de temperamento forte, enérgico, vivaz, que teve de travar no seu próprio íntimo a batalha de fazer de si um verdadeiro discípulo de Jesus, manso e humilde de coração»[51].

Evidentemente, não faltaram ocasiões em que, muito de vez em quando, o sorriso desses homens de Deus se toldava com uma nuvem passageira; mas quem poderá estranhar que um São Giuseppe Moscati, o médico napolitano de caráter sereno e amável, se sentisse esmagado alguma vez, à vista dos inúmeros doentes que sempre aguardavam à

O caráter dos santos

porta do seu consultório, e explodisse com um gesto de impaciência ou mau humor — imediatamente reprimido —, quando os seus pacientes se estendiam desnecessariamente em expor os seus males, tirando tempo aos outros? Essas fraquezas, quando superadas por amor de Deus, não impossibilitam a santidade: é precisamente nessa luta quotidiana que os santos se mostram mais humanos... e, ao mesmo tempo, mais santos[52].

«Poucas páginas na biografia de São Francisco Solano me comovem tanto» — escreve Pero-Sanz —, «como a daquela noite em que, à beira da morte, e depois de ter suspirado durante toda a vida pela solidão e censurado a presença de galinhas nos conventos, acorda o seu enfermeiro: "Irmão frei João, pelo amor de Deus, vá e asse para mim uns miúdos de galinha". Também o Doutor Angélico, Tomás de Aquino, numa situação análoga, tinha manifestado o desejo de comer uns arenques frescos; e São João da Cruz, uns aspargos...»[53]

Epílogo

Apesar das numerosas dificuldades que os santos tiveram de enfrentar ao longo da vida, a verdade sempre consegue abrir passagem e o resplendor da glória de Bernini acaba por iluminar grande parte das trevas que os inimigos teceram sobre o rosto desses homens e mulheres heroicos, reflexo admirável do rosto de Deus. Grande parte: porque nem todas essas trevas se dissipam com o tempo nas pessoas de mente retorcida ou confusa.

Isso é compreensível, já que a murmuração — como afirmávamos no início destas páginas — é extraordinariamente pertinaz. Alguns caluniadores contemporâneos não recuaram nem perante os frutos seculares de serviço à Igreja prestados por algumas instituições religiosas: por exemplo, por ocasião do centenário da morte de São João Bosco, ainda houve um ou outro articulista italiano que — depois de um século! — atacou a sua vida, tão pródiga em frutos de santidade para a Igreja. Ao completarem-se cinquenta anos da morte de Santa Teresa de Lisieux, não faltou — como recorda Frutaz — quem criasse um escândalo na imprensa internacional e solicitasse uma revisão do processo[1].

Para que continuar? Não é o discípulo mais do que o mestre, e não se deve esquecer que, sobre o próprio Jesus Cristo, dois mil anos após a sua passagem pela terra, continuam a escrever-se livros

Os santos, pedras de escândalo

blasfemos, a lançar-se filmes denegridores e toda a espécie de ataques grosseiros.

Como até recentemente era usual que decorresse muito tempo entre a morte de um homem de Deus e o término do processo de beatificação ou canonização — muitas vezes mais de um século! —, os ataques dos contemporâneos perdiam força e não chegavam a arranhar o pedestal dos santos. De agora em diante, porém, com as novas normas que, desde 1983, agilizaram os trâmites processuais*, podemos prever que recrudesçam as polêmicas, sempre que se trate de elevar aos altares figuras contemporâneas e de grande relevância social.

Para pôr um exemplo entre muitos, não é de estranhar que os movimentos pró-abortistas se tenham sentido incomodados com a beatificação de Gianna Beretta Molla, a mãe de família que, em 1962, preferiu sacrificar a sua vida para que a sua filha pudesse nascer[2]. A polêmica que houve não fez senão confirmar a eficácia pastoral dessa figura emblemática do respeito à vida.

---

* Já o Concílio Vaticano II tinha desejado que se abreviassem as causas de beatificação e canonização para acentuar o significado pastoral que o exemplo dos santos tem na vida da Igreja. Paulo VI iniciou essa reforma em 1969, e João Paulo II deu-lhe prosseguimento com a constituição apostólica *Divinus perfectionis Magister*, de 1983. Suprimiram-se diversos trâmites introdutórios, substituídos por investigações documentais e interrogatórios diretos das testemunhas oculares da vida dos candidatos. Isso permitiu dar início a uma causa de beatificação ou canonização num prazo «brevíssimo» (cinco anos) após a morte do Servo de Deus e concluí-la também em pouco tempo, sem perda do rigor processual.

As vantagens pastorais desse procedimento são evidentes. Para o fiel cristão, é muito mais fácil identificar-se com modelos de comportamento mais ou menos contemporâneos seus, do que com personalidades cuja mentalidade e costumes se encontram a alguns séculos de distância (N. do T.).

Epílogo

Já comentamos o interesse pastoral da Igreja neste ponto: não pretende apenas evocar e exaltar figuras longínquas, mas apresentar ao homem contemporâneo modelos de santidade que tenham assumido o Evangelho em toda a sua radicalidade. E não a amedrontam as campanhas de opinião, nem as polêmicas em torno de algumas beatificações que desmentem categoricamente o ideário laicista de certa mentalidade contemporânea, nem o poder de distorção de determinados meios de comunicação. Já Pio XII o tinha deixado claro, há muitos anos, no ato de beatificação de Santo Antonio Maria Claret, quando louvava esse Santo tão «caluniado e admirado, festejado e perseguido».

Apêndice

Resumos biográficos das principais personagens mencionadas

Afonso Maria de Ligório, Santo (1696-1787), bispo e Doutor da Igreja. Nascido em Nápoles, aos dezenove anos formou-se em leis e exerceu a advocacia; aos trinta, ordenou-se sacerdote e começou a desenvolver a sua atividade entre os mendigos e os camponeses dos arredores de Nápoles. Seis anos mais tarde, fundou a Congregação do Santíssimo Redentor (redentoristas). Escreveu vários livros de espiritualidade, entre os quais *Prática do amor a Jesus Cristo* e *Glórias de Maria Santíssima*. É o padroeiro dos confessores e dos estudiosos de teologia moral.

Agostinho, Santo (354-430), bispo e Doutor da Igreja. Nasceu em Tagaste (na atual Tunísia), filho de pai pagão e mãe cristã (Santa Mônica). Formou-se em retórica. Inteligência viva e universal, sempre inquieta, pertenceu durante a juventude à seita dos maniqueus, mas desligou-se ao perceber as contradições em que caíam; também viveu vários anos com uma concubina, com quem teve um filho, Adeodato. Convertido ao cristianismo com vinte e nove anos de idade, sob a influência do bispo de Milão, Santo Ambrósio, voltou à África para formar um círculo de intelectuais dedicados ao estudo e à oração, primeiro em Tagaste e depois em Hipona. Por aclamação popular, foi eleito presbítero e depois designado para suceder ao bispo

Os santos, pedras de escândalo

dessa cidade. A sua obra escrita é monumental, abrangendo praticamente todos os campos da teologia e da filosofia, tratados sempre de maneira viva e pungente; os títulos mais conhecidos são *As confissões* e *A cidade de Deus*. É o maior dos Padres da Igreja de língua latina.

André Ferrari (1850-1921), cardeal-arcebispo de Milão. Nascido em Lalatta, Itália, ordenou-se sacerdote aos vinte e três anos. Aos quarenta, foi sagrado bispo de Guastalla; depois ocupou a Sé de Como e mais tarde a de Milão, onde ficou vinte e seis anos. Nessa cidade, fundou a Universidade do Sacro Cuore. Publicou várias obras, dentre as quais se destaca o *Breve tratado sobre a religião*.

Ângela Salawa, Bem-aventurada (1881-1922), empregada doméstica. Undécima de doze irmãos, nasceu numa família camponesa da cidade de Siepraw (Polônia). Aos dezesseis anos, mudou-se para Cracóvia, onde passou a trabalhar no serviço doméstico. Costumava dizer: «Amo o meu trabalho, pois nele encontro uma excelente ocasião de sofrer muito, de trabalhar muito e de rezar muito, e outra coisa não quero na vida». A morte quase simultânea das duas pessoas que mais amava, a mãe e a patroa, não conseguiu abater-lhe o ânimo. Durante a primeira Guerra Mundial, aproveitava todos os momentos livres do serviço para atender os feridos nos hospitais de Cracóvia. Foi beatificada pelo Papa João Paulo II em 1991.

Antônio Maria Claret, Santo (1807-1870), bispo e fundador. Nasceu em Sallent (Espanha); ordenou-se aos vinte e oito anos e dedicou-se à evangelização das zonas rurais. Em 1849, fundou uma Congregação missionária dedicada ao Imaculado Coração de Maria (claretianos). No mesmo ano, foi feito arcebispo de Cuba (que na época pertencia à Espanha), onde desenvolveu uma atividade incansável:

Resumos biográficos

pregou, difundiu o apostolado da boa imprensa, administrou a confirmação a 300.000 cristãos, regularizou 30.000 casamentos e imprimiu um grande impulso a obras de promoção humana e social. Anos mais tarde, foi chamado para a corte espanhola para ser o confessor da rainha Isabel II. Em 1868, foi exilado e não pôde mais retornar à Espanha. Foi canonizado em 1950.

Atanásio, Santo (295-373), bispo e Doutor da Igreja. Nasceu em Alexandria. Ainda diácono, participou do Concílio de Niceia em 325 e defendeu com ardor a causa católica contra a heresia ariana. Apesar de não querer o cargo, foi eleito bispo de Alexandria aos trinta e um anos. Até o fim da vida, foi constantemente perseguido pelos arianos, que em diversos momentos contaram com o apoio do imperador romano do Oriente, e teve de exilar-se cinco vezes da sua sé episcopal. Dele escreveu o cardeal Newman: «Esse homem extraordinário foi, depois dos Apóstolos, o principal instrumento pelo qual as verdades sagradas do cristianismo foram transmitidas e preservadas em todo o mundo».

Basílio, São (330-369), bispo e Doutor da Igreja, chamado *Magno*, «o grande». Nasceu numa família de tradição cristã: a avó, a mãe, a irmã e dois irmãos estão canonizados. Foi amigo íntimo de São Gregório Nazianzeno. Viveu durante cinco anos no deserto, numa comunidade de monges, e para ela redigiu uma das primeiras *regras* da vida monástica, sendo considerado o «pai do monaquismo oriental». Mais tarde, tornou-se bispo de Cesareia.

Beatriz da Silva, Santa (1424-1491), fundadora. Filha de uma família de nobres portugueses, foi dama de honra de Isabel, infanta de Portugal e mais tarde rainha de Castela. A rainha, enciumada por ver que Beatriz tinha numerosos admiradores na corte, procurou tirar-lhe a

Os santos, pedras de escândalo

vida encerrando-a num baú; foi então que Nossa Senhora lhe pediu que fundasse uma Ordem religiosa em honra da Imaculada Conceição. Levou a cabo essa tarefa trinta anos mais tarde, ajudada por Isabel, a Católica, filha daquela que a tentara matar. Faleceu no dia em que as primeiras doze freiras tomavam o hábito, conforme lhe revelara também a Santíssima Virgem.

Bernadette Soubirous, Santa (1844-1879), vidente. Nascida em Lourdes de família muito pobre, recebeu aos catorze anos, ainda analfabeta, diversas aparições de Nossa Senhora na gruta de Massabielle, onde se encontra hoje o santuário que recorda esses acontecimentos. Depois das aparições, tornou-se Irmã da Caridade em Nevers. Exerceu as funções de enfermeira e sacristã nesse convento, até que uma doença a obrigou a ficar de cama durante nove anos, antes de morrer. Pio XI canonizou-a em 1933.

Bernardo de Claraval, São (1090-1153), abade e Doutor da Igreja. Nasceu no castelo de Fontaine, perto de Dijon. Ainda muito jovem, decidiu fazer-se monge no mosteiro de Cister, e lá se apresentou com quase toda a família — quatro irmãos, o tio e diversos primos —, além de outros dezesseis amigos... Dois anos mais tarde, foi enviado a Claraval para fundar um novo mosteiro, do qual nasceriam nada menos que sessenta e oito filiais por toda a Europa. Tímido e de saúde extremamente frágil, foi chamado a aconselhar bispos e reis, teve de intervir a fundo no cisma do século XII, orientar concílios provinciais, pregar a primeira cruzada à Terra Santa, defender os judeus perseguidos na Alemanha... Deixou uma imensa obra escrita, sobretudo os tratados *Sobre o amor de Deus*, inúmeros sermões aos seus monges, o famoso *Comentário ao Cântico dos Cânticos* e cartas. A sua invocação: «Ó clemente, ó piedosa, ó doce Virgem Maria» foi mais tarde incorporada à oração *Salve, Rainha*.

Resumos biográficos

Bernardo de Menthon ou de Montjoux, São (?-1008), sacerdote. Nasceu perto do lago de Annecy, na Savoia. De família nobre, abandonou as riquezas, ordenou-se sacerdote e dedicou-se a pregar por toda a Suíça. Fundou hospedarias e refúgios para os viajantes que cruzavam os Alpes e dedicou-se a tornar mais seguras as duas passagens existentes, conhecidas hoje como o Pequeno e o Grande São Bernardo. Morreu em Novara, na Lombardia, durante uma viagem.

Camilo de Lélis, São (1550-1614), fundador. Nasceu numa aldeia dos Abruzzi, na Itália. Dos dezessete aos vinte e cinco anos, foi soldado mercenário; de temperamento impetuoso, numa ocasião em que estava em Roma perdeu literalmente tudo no jogo, incluída a camisa. Teve de trabalhar como pedreiro. Em contacto com os capuchinhos, converteu-se e resolveu dedicar-se ao serviço dos enfermos, que assolavam a capital italiana, no hospital de San Giacomo. Assíduo nos leitos dos doentes mais repugnantes, dizia-lhes: «Mandem em mim, porque vocês são meus patrões». Amigo de São Filipe Neri, recebeu dele o conselho de tornar-se sacerdote. Fundou a Congregação dos Servos dos Enfermos, dedicada ao cuidado espiritual e à assistência corporal dos doentes, que rapidamente se expandiu a Nápoles e outras cidades italianas, e que incluía o primeiro corpo de enfermagem militar da história.

Carlos Borromeu, São (1538-1584), reformador, bispo e cardeal. Nasceu em Arona, Itália. Sobrinho do papa Pio IV, foi ordenado sacerdote aos vinte e quatro anos e, no ano seguinte, nomeado bispo de Milão. Foi um dos participantes mais ativos do Concílio de Trento — era considerado «o olho direito do Papa na obra da reforma» — e empenhou-se com todas as forças por levar avante na sua diocese as medidas preconizadas pelo Concílio. O seu brasão tinha como divisa a palavra *«Humildade»*, resumo das suas aspirações: nobre

Os santos, pedras de escândalo

e riquíssimo, privou-se de tudo e vivia em contacto com o seu povo para escutar-lhe as necessidades e as confidências. Prodigalizou seus bens pessoais na construção de hospitais, albergues, casas de formação para o clero, e desgastou-se profundamente durante a epidemia de peste que assolou a cidade a partir de 1576, sem conhecer limites nem precauções. Foi canonizado em 1610.

Carolina Kózka, Bem-aventurada (1898-1914), lavradora. Nasceu na pequena cidade polonesa de Tarnów, numa família de camponeses pobres e generosos — onze filhos —, e profundamente piedosos. A sua vida no lar decorreu como a de tantos conterrâneos seus: trabalho duro todos os dias, oração em comum à hora das refeições, recitação diária do terço, fidelidade à Missa dominical. Quando as tropas russas invadiram a Polônia, no começo da primeira Guerra Mundial, Carolina, então com dezesseis anos, foi raptada por um soldado. Dias mais tarde, o seu cadáver foi encontrado com terríveis mutilações, sinal de que tinha defendido a sua pureza até ao heroísmo. Foi beatificada em 1987.

Catarina de Sena, Santa (1347-1380), mística e Doutora da Igreja. Nasceu a 25 de março de 1347, vigésima-quarta filha de Lapa e Tiago Benincasa. Aos sete anos, teve a sua primeira experiência mística — uma visão da Santíssima Trindade —, e entregou-se a Deus de corpo e alma. Aos quinze, tornou-se membro da Ordem Terceira de São Domingos. A sua irradiação espiritual e os seus frequentes êxtases reuniram em torno dela um grupo variado de pessoas, leigos e religiosos, sacerdotes e artesãos, chamados *caterinati*, que mais tarde viriam a prestar grandes serviços à Igreja, sem se constituírem numa Ordem formalmente organizada. Embora analfabeta, foi chamada, em virtude da sua sabedoria, a intervir nas mais diversas questões

Resumos biográficos

públicas e, no dizer de alguém, tornou-se «a consciência do seu tempo». Com filial devoção, mas sem meias-palavras, conseguiu convencer o papa Gregório XI a pôr fim ao «exílio do papado em Avinhão» e retornar a Roma; e embora Gregório tivesse morrido antes de realizar esse projeto, o seu sucessor Urbano IV veio a pô-lo em prática. Chamada a Roma para ajudar este papa, Catarina adoeceu e morreu ali a 29 de abril de 1380. A sua obra, o *Diálogo*, ditado aos seus seguidores, é um clássico de espiritualidade. Foi canonizada em 1461 e declarada Doutora da Igreja por Paulo VI, em 1970.

Domingos, São (1170-1221), fundador. Nasceu em Caleruega, na Espanha. Era de família nobre, mas acostumou-se desde jovem a duras penitências; como sacerdote, distinguiu-se pela retidão, zelo, pontualidade nas suas funções e espírito de sacrifício. Numa viagem a Roma, ao atravessar o sul da França, devastado pela guerra e dominado pela heresia albigense, teve a ideia de fundar uma ordem de pregadores dedicados ao estudo e ao ensino da verdade cristã e à refutação da heresia, mas que apoiassem as suas palavras no exemplo de uma vida desprendida de toda a riqueza. Nasceu assim a Ordem dos Pregadores (dominicanos), logo aprovados pelo Papado. Espírito metódico e previdente, Domingos soube também estabelecer bases firmes para a sua fundação, que em pouco tempo se tornou uma das mais importantes da Europa e das Universidades nascentes.

Domingos Sávio, São (1842-1857), estudante. Filho de um ferreiro e de uma costureira, por ocasião da sua primeira comunhão traçou um programa de vida que seguiria escrupulosamente: «Antes morrer que pecar». Aos doze anos pediu a Dom Bosco que o levasse a Turim para estudar. Tendo adoecido no colégio, voltou para a casa dos

Os santos, pedras de escândalo

pais, mas não recuperou a saúde. A 10 de março de 1857, depois de uma visita do médico, convidou o pai a rezar as orações da boa morte, despediu-se dele serenamente e faleceu. Foi canonizado em 1954.

Edith Stein, Santa (1891-1942), carmelita e mártir. Educada no seio de uma família judia rigorosamente observante, deixou de praticar a sua fé ao chegar à adolescência. Foi aluna brilhante e assistente do professor de filosofia Edmund Husserl, iniciador da fenomenologia. Em 1921, de visita a uns amigos, caiu-lhe nas mãos o *Livro da Vida* de Santa Teresa de Ávila, que devorou numa só noite: «Esta é que é a verdade», pensou ao terminá-lo. Recebeu o batismo no primeiro dia do ano seguinte, e pouco tempo depois fez-se carmelita no convento de Colônia. Prosseguiu a sua obra filosófica, que lhe deu renome mundial. Quando começou a segunda Guerra Mundial e, com ela, a perseguição aberta aos judeus na Alemanha, foi transferida para um convento na cidade holandesa de Echt. Mesmo assim, foi descoberta e presa pelo nazistas a 2 de agosto de 1942. Levada para Auschwitz, ali morreu numa câmara de gás. Foi canonizada em 1998 pelo papa João Paulo II.

Félix de Cantalice, São (1513-1587), religioso. Nascido na Úmbria, era de uma família de lavradores e pastores. Na infância, gostava de ouvir a leitura das vidas dos santos e decidiu-se a ser como eles. Entrou num convento de capuchinhos como irmão leigo e, dois anos mais tarde, mudou-se para Roma, onde foi encarregado de pedir esmolas para sustentar o convento. Pelo seu sorriso e ativa misericórdia, tornou-se um personagem popular na cidade inteira, especialmente entre as crianças, a quem divertia com brincadeiras e canções, ao mesmo tempo que lhes ensinava o catecismo. Era amigo de São Filipe Neri, que tinha por ele muita admiração. Ao pressentir a chegada da

Resumos biográficos

morte, dizia com o seu sorriso habitual: «O pobre jumento não caminhará mais».

Fíleas de Têmuis, São (?-304), bispo e mártir. Nascido numa família de posses, honrado e culto, foi bispo da cidade de Têmuis (Thmuis), no baixo Egito. Era de uma fortaleza e mansidão admiráveis, de que daria provas no martírio, ocorrido em 304.

Filipe Neri, São (1515-1595), reformador e fundador. Nasceu em Florença. Vivaz, alegre e otimista por temperamento, foi aprendiz de comércio com um parente e passou depois a exercer essa profissão. Aos dezoito, mudou-se para Roma, onde viveu dezessete anos ganhando a vida como professor particular e dedicando-se a estudar filosofia e teologia. Fundou uma irmandade de jovens leigos que se reuniam para orar e ajudar os doentes e necessitados. Aos trinta e seis, ordenou-se sacerdote e mudou-se para uma residência sacerdotal anexa à igreja de San Girolamo, onde se tornou confessor renomado: até o fim da vida, dedicaria sempre muitíssimas horas ao atendimento de pessoas no confessionário e na direção espiritual. Juntamente com outros clérigos, fundou o Oratório, congregação que se ocupava da formação espiritual e intelectual dos jovens, sem deixar de lado as obras de misericórdia. Filipe tinha o segredo da simpatia e da amizade, e as palavras «alegria» e «riso» são uma espécie de marca registrada sua.

Francisco de Assis, São (1182-1226), fundador. Francesco Bernardone era filho de um comerciante de tecidos de Assis. Teve uma juventude bastante alegre e descuidada. Aos vinte anos, participou de uma fracassada expedição militar contra a vizinha cidade de Perugia, e permaneceu alguns meses preso e adoentado. Voltando a Assis, passou a buscar seriamente a conversão; num dia de 1205, enquanto

Os santos, pedras de escândalo

meditava na igreja de São Damião, ouviu Cristo pedir-lhe: «Restaura a minha Igreja em ruínas». Tomado essas palavras ao pé da letra, começou a reconstruir essa igrejinha, vendendo para isso uns tecidos da loja do pai, o que deu motivo para a sua ruptura definitiva com ele. Decidido a «unir-se com a dama Pobreza», reuniu onze companheiros em torno de si — o núcleo da futura Ordem dos franciscanos — e, autorizado pelo papa Inocêncio III, tornou-se pregador errante. Em 1217-19, empreendeu duas missões entre os muçulmanos e tentou converter o sultão do Egito, Melek al-Kamil. Em 1224, recebeu numa visão os «estigmas», isto é, abriram-se feridas nas suas mãos, pés e peito, no mesmo lugar onde Cristo as tinha recebido. Embora não tenha escrito quase nada — é dele o conhecido *Cântico do Sol* —, o influxo da sua espiritualidade foi imenso. Foi canonizado já dois anos após a morte.

Francisco de Sales, São (1567-1622), bispo e Doutor da Igreja. Nascido no castelo de Sales, na Savoia, tinha o temperamento impaciente e dominador de muitos nobres, mas tornou-se conhecido principalmente pela sua extraordinária mansidão, fruto de um intenso esforço. Formou-se em Direito pela universidade de Pádua, mas ordenou-se sacerdote aos vinte e seis anos a fim de reconduzir os calvinistas à Igreja. Pároco do cantão de Chablais, desenvolveu um esforço propagandístico muito bem sucedido. Aos trinta e quatro anos, foi feito bispo de Genebra, embora tivesse de residir na vizinha Annecy. Foi diretor espiritual de São Vicente de Paulo e de Santa Joana Francisca de Chantal, que fundou a Ordem da Visitação. As suas obras mais conhecidas, clássicos de espiritualidade, são a *Introdução à vida devota* e o *Tratado do amor de Deus*. É considerado o padroeiro dos jornalistas, pelo seu zelo em difundir a fé por meio da letra impressa. Foi canonizado em 1655.

Resumos biográficos

Francisco Solano, São (1549-1613), missionário. Nasceu em Montilla, na Andaluzia, e tomou o hábito franciscano aos vinte anos. Exemplar no seu comportamento, teve cargos importantes na Ordem, mas sempre deu maior valor à pregação, embora não tivesse grandes dotes como orador. Depois de atender os atingidos pela peste na Europa, dirigiu-se à missões na América, onde pregou do Peru à Argentina e ao Uruguai, obtendo milhares de conversões entre índios, negros e brancos. Uma característica marcante da sua personalidade era a alegria: nunca ninguém o viu triste ou acabrunhado. Foi canonizado em 1726.

Gertrudes, Santa (1256-1301), mística. Chamada «a Grande», para distingui-la de várias outras do mesmo nome. Educada no mosteiro cisterciense de Helfta, na Turíngia, teve uma sólida formação humanista. Aos vinte e cinco anos, teve uma visão de Cristo que transformou a sua vida «num hino perene a Jesus». Foi precursora da devoção ao Sagrado Coração.

Gianna Beretta Molla, Santa (1922-1962), mãe de família e médica. Estudou medicina em Milão e Pavia, especializando-se em pediatria, e conciliou essa profissão com os seus deveres familiares até o fim da vida. Completamente dedicada aos filhos, não deixou de cultivar a música, a pintura, o teatro, e era também excelente alpinista e esquiadora. Quando ficou grávida pela quarta vez, teve sérios problemas de saúde que puseram em risco a sua vida. Insistentemente aconselhada pelos médicos a abortar, preferiu levar avante a gravidez e acabou por falecer poucos dias depois de dar à luz uma menina. Foi canonizada por João Paulo II no dia 16 de maio de 2004.

Giuseppe Moscati, São (1880-1927), médico. Nasceu em Benevento (Itália). Formou-se em Medicina, tanto por

Os santos, pedras de escândalo

inclinação para essa profissão como por alimentar o ideal de ajudar os doentes mais carentes, especialmente os desenganados. Estudava todos os casos até altas horas da noite; nas visitas de consulta, transbordava de carinho para com cada um dos seus doentes, em quem procurava encontrar a Deus. Tirava as forças para a sua incansável atividade da Missa a que assistia diariamente, de manhã cedo. Faleceu durante um dia normal de trabalho. Foi canonizado em 1987.

Henrique de Ossó, Bem-aventurado (1840-1896), fundador. Nasceu em Vinebre (Espanha) e ordenou-se sacerdote em 1867. Foi nomeado professor da cidade de Tortosa, onde fundou uma Sociedade catequética e a Companhia de Santa Teresa de Jesus. Escreveu vários livros, entre os quais o *Guia prático do catequista, Os sete domingos de São José* e *A família modelo*. Morreu em Sagunto.

Inácio de Loyola, Santo (1491-1556), fundador dos jesuítas. Último filho de uma família nobre, dedicado à carreira militar, teve uma perna fraturada quando defendia o castelo de Pamplona. Durante a convalescença, tomou contacto com a vida dos santos e começou a ler livros sobre a doutrina e a espiritualidade cristãs. Estudou filosofia em Barcelona, Alcalá e Paris, onde reuniu o primeiro núcleo do que seria a Companhia de Jesus (os jesuítas), dedicada a todos os serviços em que se pudesse trabalhar *para a maior glória de Deus*, segundo a sua divisa, com total fidelidade ao Papa. Escreveu os *Exercícios Espirituais*. Foi canonizado em 1622.

Jerônimo, São (348-420), Doutor da Igreja. Nascido em Strido, na Dalmácia, foi um espírito enciclopédico. Estudou em Roma, e a seguir passou alguns anos entre os eremitas de Antioquia. Depois estudou as Sagradas Escrituras em Constantinopla, sob a orientação de São Gregório Nazianzeno. Foi

Resumos biográficos

consultor do papa São Dâmaso, que o encarregou de rever a tradução da Bíblia, e, quando este morreu, em 386, instalou--se perto de Belém, onde continuou a tradução para o latim do Antigo e do Novo Testamento. Esta versão é conhecida como *Vulgata*, «popular», e foi oficialmente adotada pela Igreja. Jerônimo tinha uma personalidade fortíssima e uma língua bastante rude, que por toda a parte suscitava entusiasmos e ressentimentos; mas era ao mesmo tempo de uma humildade profunda e penitente. Envolvido nas mais diversas polêmicas, escreveu sobre praticamente todos os assuntos doutrinais do cristianismo; especialmente interessante é a sua vasta correspondência. É um dos quatro grandes Padres da Igreja latina, ao lado de São Cipriano, Santo Agostinho e São Gregório Magno.

Jerônimo Emiliano, São (1486-1537), fundador. Nasceu em Veneza em 1486 e tornou-se militar. Feito prisioneiro em 1511, teve ambiente e tempo para meditar sobre a fugacidade da vida. Uma vez libertado, dedicou-se a servir os pobres, os doentes e as pecadoras arrependidas. Ordenou-se sacerdote e, no lugarejo de Somasca, em Bérgamo, fundou uma sociedade de clérigos regrantes conhecida como «padres somascos», especialmente devotada ao ensino gratuito da juventude com um método dialogado revolucionário para a época. Durante uma epidemia de peste, contraiu a doença daqueles mesmos a quem assistia e morreu em Somasca. Foi canonizado em 1767.

Joana Francisca de Chantal, Santa (1572-1641), fundadora. Nascida em Dijon, casou-se com o barão de Chantal, com quem teve quatro filhos num excelente matrimônio. Quando o marido morreu, em 1601, não quis voltar a casar--se, ocupando-se da educação dos filhos e esmerando-se numa intensa vida de piedade. A partir de 1604, passou a dirigir-se espiritualmente com São Francisco de Sales, que a ensinou a buscar a Deus no cumprimento fiel dos pequenos deveres da casa, entrelaçados com a oração. Com a ajuda do bispo de Genebra, depois de ver crescidos os filhos fundou a Congregação da Visitação, que se expandiu rapidamente. Foi canonizada em 1767.

Joana Jugan, Santa (1792-1879), fundadora. Nasceu na Bretanha (França), e foi batizada no mesmo dia. Quando jovem, recusou um pedido de casamento dizendo: «Deus quer-me para Ele. Procura-me para um trabalho que ainda não sei qual é, para um trabalho que ainda não foi fundado». Por isso, não entrou em nenhuma congregação religiosa das existentes; quando já tinha cerca de cinquenta anos, recolheu uma anciã cega e paralítica e cuidou dela, e foi somente então que compreendeu o que Deus lhe pedia. Não parou de trabalhar com os mais necessitados e, com as suas colaboradoras, formou a Congregação das Irmãzinhas dos Pobres. Foi canonizada em 2009.

João Batista de la Salle, São (1651-1719), educador e fundador. Nasceu em Reims, de família nobre e abastada; fez estudos brilhantes na Sorbonne. Tornou-se cônego da catedral de Reims onze anos antes de ordenar-se, mas resolveu desistir das comodidades e honrarias para dedicar-se à educação de crianças pobres. Com a ajuda de alguns jovens amigos, fundou em 1684 a Congregação dos Irmãos das Escolas Cristãs, que se dedicou não apenas a formar os alunos, mas especialmente a treinar os professores. Esse método inovador fez crescer rapidamente o número de escolas, mas atraiu-lhe também uma violenta hostilidade. Foi canonizado em 1900.

João Bosco, São (1815-1888), educador e fundador. Nasceu no Piemonte, numa família de camponeses, e foi criado pela mãe, viúva. Fez os estudos com muita dificuldade, mas

Resumos biográficos

pôde ordenar-se sacerdote em 1841. Estabelecendo-se em Turim, reuniu em torno de si um grupo de garotos pobres para brincar e rezar com eles e dar-lhes de comer; com a ajuda da mãe, criou um pensionato para aprendizes de alfaiates, sapateiros e outras profissões. A sua pedagogia, alegre e carinhosa, logo imprimiu um enorme impulso à sua obra, cuja continuidade Dom Bosco assegurou mediante a fundação dos padres salesianos — em homenagem a São Francisco de Sales — e das Filhas de Maria Auxiliadora, com a ajuda da Madre Maria Mazzarello. Foi um escritor fecundo e criou tipografias-escolas e revistas para difundir a boa imprensa. Mostrava-se sempre sorridente e amável, quer entre os pobres, quer com reis, bispos e ministros. Era amigo de protestantes e judeus, e escrevia: «Reprovemos os erros, mas respeitemos as pessoas». Foi canonizado em 1934.

João Crisóstomo, São (349-407), bispo e Doutor da Igreja. Nascido em Antioquia, capital da Síria, retirou-se para o deserto e ali permaneceu por seis anos. De volta à cidade, foi ordenado sacerdote; em pouco tempo, a sua pregação, brilhante e profunda, arrebatada e ao mesmo tempo muito prática, granjeou-lhe enorme reputação em todo o Império Romano do Oriente. Literalmente sequestrado por ordem do imperador e levado a Constantinopla, foi sagrado bispo da capital em 398. Ali desenvolveu uma atividade pastoral que suscitou admiração e perplexidade: evangelização rural, criação de hospitais, refutação da heresia ariana, sermões duros sobre os vícios das diversas classes — o hedonismo excessivo dos ricos, a tibieza de monges e eclesiásticos acomodados —, que não deixaram de granjear-lhe inimigos. Condenado por um pseudo-concílio organizado por estes, foi exilado duas vezes, e por fim morreu de exaustão quando o conduziam para o desterro. Os seus sermões, cartas e

Os santos, pedras de escândalo

tratados, que formam uma obra monumental, continuam tão atuais como o eram no século V. Dos Padres da Igreja, foi o que mais detidamente tratou da Eucaristia.

João da Cruz, São (1542-1591), teólogo, místico e poeta, reformador e Doutor da Igreja. Nascido em Fontiveros (Espanha), João de Yepes ingressou na Ordem dos carmelitas aos vinte e um anos, mas sofreu uma grande desilusão pelo relaxamento da vida monástica em que viviam. Sob a influência de Santa Teresa de Ávila, foi um dos primeiros a aderir à reforma do Carmelo. Mas o retorno à espiritualidade original da Ordem, mais austera, custou-lhe uma infinidade de maus-tratos: permaneceu oito meses preso numa minúscula cela de um convento de Toledo, foi difamado e caluniado, e perto do fim da vida voltaria a ser desterrado para um rincão desolado da Espanha, nos arredores de Ubeda. Ao mesmo tempo místico e realista, escreveu no meio dos maiores padecimentos as poesias *Noite escura*, *Subida ao monte Carmelo*, *Cântico espiritual* e *Chama de amor viva*, e comentou-as em tratados que balizaram toda a teologia espiritual moderna. Foi canonizado em 1726.

João de Ávila, São (1500-1569), sacerdote. Nascido em Almodóvar del Campo, estudou Direito e Teologia em Salamanca e Alcalá, e ordenou-se sacerdote aos vinte e cinco anos. Pregou por toda a Andaluzia, de uma maneira profunda, austera e fogosa que arrebatava os ouvintes. Falsamente denunciado ao Santo Ofício, foi preso por alguns meses, mas depois absolvido. Fervoroso e mortificado, homem ainda mais de oração que de palavras, continuou a exortar leigos, sacerdotes e religiosos a melhorar na vida cristã. Apesar da sua comprovada santidade, a sua fama esteve tão envolta em entusiasmos e suspeitas que só veio a ser canonizado em 1970.

Resumos biográficos

João de Deus, São (1495-1550), fundador. Nasceu em Montemor-o-novo, perto de Évora (Portugal); fugiu de casa aos oito anos e, tendo sido recolhido por uns desconhecidos, recebeu deles o apelido de João de Deus. Até os quarenta, levou uma vida mais ou menos irregular de soldado e comerciante, estabelecendo-se por fim em Granada, onde abriu uma livraria. Depois de ouvir um sermão de São João de Ávila, converteu-se, desfez-se de tudo o que tinha e passou a percorrer descalço as ruas da cidade, a pedir esmola e a repetir a frase: «Fazei bem, irmãos, a vós mesmos». Em consequência, foi confinado por algum tempo num hospício; ao sair, criou um hospital para os pobres, passando a contar com uns colaboradores que se intitularam os *Fazei-bem-irmãos*. Depois da sua morte, estes se organizaram numa Ordem de hospitalários, os Irmãos de São João de Deus. Foi canonizado em 1690.

João Maria Batista Vianney, o Cura d'Ars, São (1786--1859), pároco. Nasceu em Dardilly, perto de Lyon; cursou a muito custo os estudos sacerdotais, e teve de receber uma dispensa para poder ordenar-se. Foi nomeado pároco de Ars, vilarejo de apenas duzentos e trinta habitantes, onde se dedicou de corpo e alma aos seus paroquianos. Possuía somente a desbotada batina que trazia sobre o corpo, mas era capaz de dar os seus sapatos e meias ao primeiro mendigo que encontrasse à beira da estrada. Os seus sermões, muito simples, mas repletos de amor a Deus, bem como as horas que passava no confessionário — até dezoito por dia — fizeram a sua fama correr por toda a França e por outros países, e o miserável vilarejo viu-se convertido em centro de enormes peregrinações. Apesar de perseguido até o fim da vida pelos escrúpulos e pelo desejo de dispor de algum tempo «para fazer penitência pela sua vida miserável», passou quarenta anos dedicado

Os santos, pedras de escândalo

fidelissimamente aos seus paroquianos. Foi canonizado em 1925, e é o padroeiro dos párocos.

José Benedito Cottolengo, São (1786-1842), fundador. Primeiro de doze filhos, estudou teologia em Turim. Depois de se ordenar, celebrava a Missa às três da madrugada para que os camponeses pudessem ouvi-la antes de irem para o trabalho. Em 1827, começou um pequeno hospital particular, que se transformou pouco a pouco na Pequena Casa da Divina Providência, nome que servia praticamente de lema ao fundador, inteiramente abandonado na mãos de Deus em tudo o que dizia respeito aos meios materiais. Foi canonizado em 1934.

José de Calasanz, São (1557-1648), educador e fundador. Nasceu em Peralta de la Sal (Espanha). Graduou-se em direito e religião em três universidades espanholas, e ordenou-se sacerdote em 1583. Em Roma, ficou chocado com a ignorância e pobreza do povo, e abriu uma escola livre num bairro periférico; a escola cresceu rapidamente, e, como a afluência de voluntários para lecionar era grande, fundou a Congregação dos Clérigos Regulares das Escolas Pias (escolápios), primeira iniciativa de sacerdotes no campo da educação elementar. Neste sentido, foi precursor de La Salle e tantos outros. Os seus últimos anos foram perturbados pelas ambições de um subordinado, e o Santo suportou essa provação «com a fortaleza de um novo Jó», no dizer do papa Bento XV. Foi canonizado em 1757.

José Cafasso, São (1811-1860), sacerdote. Ordenado aos vinte e dois anos, este jovem piemontês de baixa estatura mostrou-se um grande professor de teologia moral, dedicando-se à formação do clero. Defendeu com grande rigor intelectual a doutrina e a independência da Igreja em oposição ao jansenismo e ao regalismo, e despertou por

200

Resumos biográficos

onde passava conversões, vocações e desejos de santidade. Foi muito amigo de Dom Bosco, a quem ajudou na vida espiritual e na fundação dos salesianos. Era chamado «padre das forcas» porque atendia regularmente os condenados à morte. Foi canonizado por Pio XI.

José Kentenich, Servo de Deus (1885-1965), fundador. Nasceu na cidade de Gymnich (Alemanha). Em 1906, tornou-se palotino, sendo ordenado sacerdote em 1910. Desenvolveu um fecundo trabalho como educador. Em 18 de outubro de 1914, fez uma Aliança de amor com Nossa Senhora num pequeno santuário de Schönstatt (Alemanha): era a fundação do Movimento de Schönstatt. A partir de então, consagrou toda a sua vida a essa obra. Sofreu muitas perseguições, tanto por parte dos nazistas — passou três anos em campos de concentração — como de alguns membros da Igreja, que conseguiram afastá-lo por catorze anos da sua fundação. O seu processo de canonização encontra-se em andamento.

Josefina Bakhita, Santa (1869-1947), religiosa. Nascida numa família pobre do Sudão, foi sequestrada quando contava menos de dez anos e vendida como escrava. Na casa de um amo turco, sofreu os piores tratos que se pode imaginar. Mais tarde, foi vendida a um diplomata italiano, que a levou para a Itália e a libertou; ali, entrou em contacto com as religiosas canossianas do Instituto de Catecúmenos de Veneza. Foi batizada a 9 de janeiro de 1890, e seis anos mais tarde fazia a sua profissão religiosa. Foi um modelo de bondade, de carinho e abnegação nos cinquenta anos em que serviu como cozinheira, porteira, bordadeira... Nos últimos anos da sua vida, agradecia àqueles que a tinham tratado tão mal no passado, pois dizia que se tornara cristã e religiosa graças a eles. Foi canonizada em 2000.

Os santos, pedras de escândalo

Josemaria Escrivá, São (1902-1975), fundador do Opus Dei. Nascido a 9 de janeiro de 1902, em Barbastro (Espanha), no seio de uma família profundamente cristã, decidiu fazer-se sacerdote após ter visto as pegadas deixadas na neve por um carmelita descalço. Ordenou-se em 1925. Três anos mais tarde, viu qual era a missão que Deus lhe confiava: fundar o Opus Dei, caminho de santificação no meio do mundo através do trabalho profissional quotidiano e do cumprimento dos deveres pessoais, familiares e sociais de cada um. Dedicou toda a sua vida à fundação e desenvolvimento dessa Obra. Em 1946, mudou-se para Roma e, a partir de então, percorreu quase todos os países da Europa lançando as bases do trabalho do Opus Dei. O profundo sentido da filiação divina levava-o a procurar em tudo a mais completa identificação com Cristo, em união com Nossa Senhora, e a ser, por todo o mundo, semeador de paz e de alegria. No fim da sua vida, levado pelo seu zelo sacerdotal, teve encontros multitudinários com pessoas da península ibérica e de toda a América do Sul. No dia 26 de junho de 1975, Deus aceitou o oferecimento da sua vida pelo Romano Pontífice, que havia feito muitas vezes. Em 6 de outubro de 2002, foi canonizado pelo Papa João Paulo II na Praça de São Pedro.

Luís, São (1214-1270), rei da França, nono desse nome. Nasceu em Poissy (França). A sua mãe, Branca de Castela, regente durante a menoridade de Luís, deu-lhe uma sólida formação cristã. Quando rei, personificou os mais altos ideais de um governante medieval cristão: sob as vestes de seda do ofício, trazia sempre uma camisa de pano rude como penitência; era inflexivelmente imparcial e compassivo na administração da justiça, insistindo nos direitos de cada homem, fosse fidalgo ou camponês; pessoalmente desprendido, favoreceu de todas as formas a construção de

Resumos biográficos

hospitais, asilos e escolas, e a universidade de Paris — futura Sorbonne — nasceu sob os seus auspícios. Empreendeu uma cruzada para a libertação da Terra Santa, mas foi derrotado e feito prisioneiro em Mansurá, no Egito. Numa segunda tentativa, morreu de disenteria às portas de Túnis. Foi canonizado em 1297.

Luís Gonzaga, São (1568-1591), estudante jesuíta. Filho do marquês de Castiglione, aos cinco anos já envergava uma couraça, com escudo, capacete, cinturão e espada, e marchava atrás do exército do pai. Enviado a Florença como pajem do grão-duque da Toscana, resolveu aos dez anos dedicar-se inteiramente a Deus; estudou filosofia na universidade de Alcalá de Henares, na Espanha, e — precoce como sempre — aos doze decidiu entrar para a Companhia de Jesus. Precisou de dois anos para vencer a vociferante resistência paterna, mas conseguiu ser aceito no noviciado romano dos jesuítas, sob a direção de São Roberto Belarmino. Escolheu para si as incumbências mais humildes, sobretudo durante a epidemia de peste que atingiu Roma em 1590 e na qual acabou morrendo. Foi canonizado em 1726.

Luís Maria Grignion de Monfort, São (1673-1719), missionário e fundador. Nasceu em Monfort (França), numa família de dezesseis irmãos. Cursou teologia em Paris e dedicou-se às missões entre os camponeses da França; pregava com especial intensidade a devoção a Nossa Senhora. Publicou o *Tratado da verdadeira devoção à Bem-aventurada Virgem Maria*. No fim da vida, e apesar das incompreensões que o seu zelo suscitou, pôde instituir a Companhia de Maria, formada por sacerdotes dedicados às missões. Foi canonizado em 1947.

Marcel Callo, Bem-aventurado (1921-1945), operário. Nasceu em Rennes (França), numa família profundamente religiosa. Foi escoteiro e trabalhou como impressor na sua cidade natal, onde também liderou com energia o grupo da «Juventude Operária Cristã». Quando os nazistas invadiram a França, ajudou muitas pessoas a escapar, dando-lhes braceletes da Cruz Vermelha. Mais tarde, foi preso e forçado a trabalhar na fabricação de armas e na manutenção de aviões de guerra em vários campos de concentração. Morreu a 19 de março de 1945, em consequência dos maus-tratos sofridos no campo de extermínio Gusen II. João Paulo II beatificou-o em 1987.

Margarida Maria Alacoque, Santa (1647-1690), vidente. Nasceu em Verosvres, na Borgonha; órfã desde muito jovem, foi criada por uns parentes não muito generosos. Entrou para o convento da Visitação em Paray-le-Monial, onde recebeu quatro visões de Cristo, que a encarregou de difundir a devoção ao Sagrado Coração. Essas visões trouxeram-lhe de início incompreensões e julgamentos precipitados no seio da própria comunidade, mas no fim da vida teve a consolação de ver propagar-se essa devoção. Foi canonizada em 1920.

Maria Goretti, Santa (1890-1902), mártir. Maria Teresa Goretti, ou Marietta, como a chamavam familiarmente os seus parentes, nasceu em Corinaldo (Itália), numa família de camponeses. O pai morreu quando ela tinha apenas dez anos, e a menina teve de assumir a criação dos irmãos menores, enquanto a mãe, Assunta, saía para o trabalho. Quando tinha doze anos, Alexandre Serenelli, um rapaz vizinho, de dezoito anos, tentou violá-la, mas, diante da resistência obstinada da menina, deu-lhe catorze facadas. No hospital, após receber a comunhão, Maria ainda pôde dizer que perdoava o agressor: «Lá no céu, rogarei a Deus para que se arrependa. Mais ainda: quero que ele esteja junto de mim na glória eterna». Depois de cumprir a pena de vinte e sete anos de

Resumos biográficos

trabalhos forçados, Alexandre — plenamente arrependido e convertido — recebeu o perdão de Assunta. Ambos estavam presentes na cerimônia de canonização de Maria Goretti na Praça de São Pedro, a 24 de junho de 1950.

Matilde ou Mechtilde de Hackeborn, Santa (1241-1298), mística. Foi preceptora de Santa Gertrudes a Grande no mosteiro de Helfta, e orientou-a na vida espiritual. Gertrudes escreveu sobre ela *O livro da graça especial*.

Maximiliano Kolbe, São (1894-1941), mártir. Raimundo Kolbe nasceu na Polônia, de família operária. Entrou no seminário franciscano e tomou o nome de Maximiliano Maria, ordenando-se em 1918. Fundou diversas revistas para difundir a fé, que atingiram tiragens de mais um milhão de exemplares, chegando a dirigir um mosteiro capuchinho com mais de seiscentos religiosos, dedicado à edição e impressão, a que deu o nome de «Cidade de Maria». No início da segunda Guerra Mundial foi preso duas vezes, mas libertado; em 1941 deu-se a prisão definitiva e a sua transferência para o campo de extermínio de Auschwitz. Ali, Kolbe ofereceu-se para ser executado em lugar de um prisioneiro, pai de família, que fora escolhido para morrer de fome em represália pela fuga de um companheiro. Quarenta anos mais tarde, a 10 de outubro de 1982, aquele por quem Maximiliano havia dado a vida estava presente na sua canonização.

Micaela, Santa (1809-1865), fundadora. Micaela Desmaisières, viscondessa de Jorbalán, nasceu em Madri no início do século XIX. A sua juventude foi marcada por uma série de tragédias familiares. Em Paris e Bruxelas, deixou uma amável recordação da sua caridade para com os pobres e doentes. De volta a Madri, conheceu o Hospital de São João de Deus, onde se tratavam as mulheres de má vida da cidade;

Os santos, pedras de escândalo

nesta visita, viu que Deus lhe pedia que levasse a cabo um intenso apostolado entre essas mulheres. Fundou assim a Congregação das Adoradoras. Sofreu com imensa fortaleza e confiança em Deus as inúmeras dificuldades e calúnias que a atingiram. Suportou também com a mesma coragem a doença que a levou à morte. Foi canonizada em 1934.

Paula, Santa (?-404), matrona romana. Nasceu na alta nobreza romana do século IV. Aos trinta e dois, perdeu o marido e a filha mais velha, acontecimentos que a levaram a buscar o esquecimento próprio e o serviço aos outros. Orientada por São Jerônimo durante os seus três anos de estudo em Roma, deixou a cidade e, com uma das suas filhas, fundou um hospital e um abrigo para peregrinos em Belém, onde Jerônimo dava catequese às crianças, pregava e trabalhava.

Pedro de Alcântara, São (1499-1562), místico e reformador. Nasceu em Alcântara (Espanha), e estudou na Universidade de Salamanca. Pediu admissão nos franciscanos, entre os quais levou a cabo a reforma da vida conventual; viveu sempre com grande rigor a pobreza, não tendo de seu senão o hábito surrado, o breviário, um crucifixo tosco e um bastão para as viagens; dormia pouco, sempre sentado numa cadeira ou sobre o chão nu. Foi defensor de Santa Teresa de Ávila, a quem ajudou na reforma da ordem carmelita. Foi canonizado em 1669.

Pedro Poveda, Bem-aventurado (1874-1936). Nasceu em Linares (Espanha), e ordenou-se em 1897. Foi o criador da Instituição Católica de Ensino e, durante os últimos vinte e cinco anos da sua vida, dedicou-se à Instituição Teresiana, também voltada para a educação. Sofreu o martírio pela fé a 28 de julho de 1936, no início da Guerra Civil espanhola. Foi beatificado em 1993 e canonizado em 2003.

Resumos biográficos

Pier Giorgio Frassati, Bem-aventurado (1901-1925), estudante. Nasceu em Turim. Filho do fundador e diretor do jornal italiano *La Stampa*, foi um jovem absolutamente normal; gostava de esportes e excursões, e aproveitava o tempo livre para visitar os pobres. Estudou Engenharia de Minas, e era um líder nato entre os seus companheiros. Fácil de palavra e com grande capacidade de convencer, organizou a Federação dos Universitários Católicos. Morreu aos vinte e quatro anos de poliomielite. João Paulo II beatificou-o em 1990.

Pio X, São (1835-1914), papa. José Melquior Sarto nasceu em Riesi, Veneza, segundo dos dez filhos de uma família muito pobre, e ficou órfão do pai enquanto cursava os estudos sacerdotais. Com o apoio da mãe, levou-os a cabo apesar de tudo, e foi ordenado em 1858. Sacerdote exemplar, tornou-se bispo de Mântua, cardeal-patriarca de Veneza e, por fim, de 1903 a 1914, Papa. A sua divisa *«restaurar tudo em Cristo»* traduziu-se numa atividade incansável: resistiu com firmeza à heresia modernista, promoveu a renovação litúrgica, publicou um catecismo para párocos e o primeiro Código de Direito Canônico, favoreceu a instrução religiosa e estendeu a devoção à Sagrada Eucaristia, permitindo que os fiéis recebessem a comunhão diariamente e baixando a idade-limite para se fazer a primeira comunhão. Pobre entre os pobres, para ir ao conclave que o elegeria papa teve de tomar dinheiro emprestado para a passagem de trem, que comprou de ida e volta, convencido de que o Espírito Santo não o escolheria. Foi canonizado em 1954.

Rafaela Maria, Santa (1850-1925). Nasceu em Córdova (Espanha). Fez-se religiosa e tomou o nome de Madre Maria do Sagrado Coração; aos vinte e sete anos, fundou a Congregação das Escravas do Coração de Jesus. Depois de renunciar voluntariamente ao cargo de Superiora em

Os santos, pedras de escândalo

circunstâncias muito dolorosas, viveu em Roma durante os seus últimos trinta e dois anos, num exemplo vivo de humildade e caridade. Foi canonizada em 1977.

Raimundo de Cápua, São (1330-1399). Nasceu em Cápua (Itália), na família Vinci. Estudou Direito em Bolonha e, aos dezoito anos, tornou-se dominicano. Em Siena, foi preceptor de estudos dos dominicanos e tornou-se diretor espiritual de Santa Catarina de Sena. Trabalhou no processo de canonização da Santa, e escreveu as primeiras biografias de Catarina e de Tomás de Aquino. Percorreu a Hungria, a Alemanha e a Itália como visitador dos conventos, avivando o zelo e a fé dos religiosos. Foi canonizado em 1899.

Stefan Wyszynski, Servo de Deus (1901-1981), cardeal. Nasceu em Zuzela, perto de Varsóvia. Ordenou-se sacerdote em 1924. Estudou ciências sociais e doutorou-se em direito canônico. Foi arcebispo de Varsóvia e cardeal-primaz da Polônia durante a segunda Guerra e no período comunista. Foi duramente perseguido e encarcerado por três anos, mas sempre defendeu firmemente a Igreja. O seu processo de beatificação encontra-se em andamento.

Tarcísio, São (século III ou princípios do IV), mártir. Acólito da Igreja de Roma, Tarcísio levava a comunhão aos cristãos encarcerados durante a perseguição de Valeriano quando foi assaltado por uns ladrões. Tentando proteger a Hóstia, foi espancado e apedrejado até a morte, segundo relata o papa São Dâmaso. É possível, mas não certo, que tivesse apenas doze anos.

Teresa de Ávila, Santa (1515-1582), mística e reformadora, Doutora da Igreja. Jovem deslumbrante, Teresa tornou-se religiosa carmelita no mosteiro da Encarnação

Resumos biográficos

de Ávila. De saúde fraca, chegou a estar à beira da morte, mas recuperou-se mais ou menos. Por muitos anos levou uma vida religiosa tíbia, segundo afirma, até se reconverter, por volta de 1553, diante de uma imagem de «Cristo muito chagado». Passou a ter frequentes êxtases, e resolveu levar a cabo a fundação de um mosteiro carmelita reformado, onde pudesse viver de acordo com a regra primitiva, mais austera do que a que estava em uso. Entre grandes dificuldades, fundou o Carmelo de São José, logo seguido de várias outras casas semelhantes por toda a geografia espanhola. Com a ajuda de São João da Cruz, empreendeu a reforma da Encarnação, quando se desencadeou contra eles a «guerra dos mitigados», que lhe valeu um sem-número de perseguições. Mestra de místicos e diretora espiritual, sempre combinou o mais feminino bom senso com a mais elevada vida de oração. Por ordem dos seus diretores espirituais, escreveu o *Livro da Vida*, o *Caminho de Perfeição*, as *Fundações*, o *Castelo Interior*, obras que se tornaram clássicos da língua castelhana, tanto como da espiritualidade cristã. Morreu em Alba de Tormes. Foi canonizada em 1622 e proclamada Doutora da Igreja em 1970.

Teresa de Lisieux, Santa (1873-1897), religiosa, Doutora da Igreja. Teresa do Menino Jesus e da Sagrada Face (Thérèse Martin) nasceu em Alençon (França), de pais católicos exemplares. Aos quinze, entrou no carmelo de Lisieux, onde viveu nove anos de uma existência exteriormente tranquila. A sua vida interior, inteiramente apoiada na infância espiritual — saber-se criança diante de Deus —, consignou-a por escrito nos *Manuscritos autobiográficos*, divulgados por muito tempo sob o título *História de uma alma*. Morreu de tuberculose aos vinte e quatro anos. Foi canonizada em 1925 e declarada Doutora da Igreja por João Paulo II no dia 19 de outubro de 1997.

Os santos, pedras de escândalo

Thomas More, São (1477-1535), humanista e mártir. Nascido em Londres, More empreendeu a carreira legal, inicialmente como advogado e mais tarde a serviço do rei Henrique VIII, que o nomeou chanceler (cargo mais importante do reino) em 1529. Humanista de grande categoria intelectual — a sua *Utopia* dispensa comentários —, foi também pai exemplar de quatro filhos. Levantava-se às duas da madrugada para rezar e estudar até às sete, hora em que assistia à Missa. Quando o rei quis subordinar a Igreja ao Estado, por não conseguir do Papa a autorização para divorciar-se de Catarina de Aragão, More negou-se a assinar o *Act of supremacy*, que feria a sua consciência de cristão. Foi destituído do cargo e privado sucessivamente de todos os rendimentos, até ser encarcerado na Torre de Londres. Num julgamento fraudulento, foi acusado de alta traição e condenado à pena capital. Manteve a todo o momento a magnanimidade e o bom humor que o tinham caracterizado. Quando subiu ao patíbulo, fisicamente alquebrado pelos longos meses de prisão, ainda encontrou tempo para comentar com o meirinho: «Ajude-me a subir, que descer desço sozinho». Antes de morrer, comentou publicamente que morria «como bom servidor do rei, mas de Deus em primeiro lugar».

Tomás de Aquino, São (1225-1274), teólogo, Doutor da Igreja. Tomás, filho mais novo do conde de Aquino, nasceu no castelo de Roccasecca e estudou com os beneditinos de Montecassino. Aos dezoito anos, contrariando a vontade dos familiares, ingressou na Ordem dos Pregadores de São Domingos. Estudou em Colônia, com Santo Alberto Magno, e mais tarde na Universidade de Paris, onde se tornou mestre de filosofia e teologia e ganhou renome universal. Devido à «querela dos mendicantes» — a perseguição desencadeada contra os franciscanos e os dominicanos em

Resumos biográficos

Paris — foi transferido para Roma, onde organizou uma espécie de «Universidade itinerante» na corte papal, e mais tarde para Nápoles. Voltou à Universidade de Paris a fim de resolver uma nova querela, desta vez entre duas correntes de pensamento, mas não conseguiu conciliar os ânimos. Passou os últimos anos em Nápoles. Os seus escritos — a *Suma teológica*, a *Suma contra os gentios*, e diversos opúsculos teológicos e espirituais — granjearam-lhe o nome de *doctor communis*, «mestre de todos» na Igreja. Tinha apenas quarenta e oito anos quando morreu, a caminho do Concílio de Lyon. Foi canonizado em 1323.

Vicente de Paulo, São (1581-1660), fundador. Nasceu em Pouay (França); ordenado aos dezenove, dedicou dez anos ao alívio material e espiritual dos condenados às galés e dos camponeses mais miseráveis. Foi nomeado capelão da rainha Margarida de Valois, e teve grande influência na alta sociedade do seu tempo. Num período de fome em Paris, organizou uma mesa popular para alimentar diariamente dois mil famintos. Prático, firme, dotado de senso de humor, simples como um camponês, mas sobretudo ativo e realista, organizou auxílios aos pobres em escala nacional. São quatro as instituições que fundou: a confraria das Damas de Caridade, os Servos dos Pobres, a Congregação dos Padres da Missão (lazaristas) — aos quais confiou a dupla incumbência de contribuir para a formação dos futuros sacerdotes e de organizar pregações adequadas para o povo simples — e as Filhas da Caridade. Foi canonizado em 1737.

Vicente Ferrer, São (1350-1419), missionário. Nasceu em Valência. Aos dezessete anos, já havia concluído os estudos de filosofia e teologia; tornou-se dominicano e foi ordenado em 1378, data que coincide com o grande cisma do Ocidente. De início, Vicente apoiou ativamente o demandante de Avinhão, Pedro de Luna (o antipapa Bento XIII), de

Os santos, pedras de escândalo

quem se tornou conselheiro e confessor. Em 1399, deixou a corte para pregar às multidões; percorreu quase toda a Europa, reunindo enormes multidões, e ganhou fama de taumaturgo. A unidade da Igreja foi restaurada pelo Concílio de Constança, em 1416, em parte graças à contribuição de Vicente, que aconselhou Bento XIII a renunciar às suas pretensões e, como este não lhe dava ouvidos, retirando--lhe o seu apoio. Morreu durante uma viagem de pregação à Bretanha. Foi canonizado em 1455.

Notas

Introdução

(1) Tomás Gutiérrez Calzada, *Declarações* em «Época», Madri, fev. 1992; (2) Santo Afonso Maria de Ligório, *Sermão 43 sobre a utilidade das tribulações*, em *Obras ascéticas de San Alfonso Maria de Ligorio*, BAC, Madri, 1954, p. 285.

Ao longo da história

(1) João Paulo II, *Homilia na beatificação de Josemaria Escrivá de Balaguer e Josefina Bakhita*, 17.05.1992; (2) A.G. Hamman, *La vida cotidiana de los primeros cristianos*, Palabra, Madri, 1986, p. 107; (3) *ibid.*, p. 109; (4) cf. Rostovtzeff, *Historia social y económica del Imperio Romano*, Madri, 1937, vol. II, p. 454; (5) H. Jedin, *Manual de historia de la Iglesia*, Herder, Barcelona, 1966, vol. I, pp. 565-566; cf. Daniel Ruiz Bueno, *Actas de los Mártires*, BAC, Madri, 1962; (6) cf., entre outros, H. Jedin, *Manual de historia de la Iglesia*; A. Ehrhard e W. Neuss, *Historia de la Iglesia*, Rialp, Madri, 1962, vol. I; (7) Santo Inácio de Loyola, *Carta a Pedro Camps*, em *Obras completas de San Ignacio de Loyola*, BAC, Madri, 1963, p. 932; (8) *Los jesuitas juzgados por los padres de familia y por la prensa liberal y religiosa, o sea contestación a los nuevos ataques de sus adversarios en México*, México, 1855; (9) V. Cárcel Orti, *La persecución religiosa en España durante la Segunda República (1931--1939)*, Rialp, Madri, 1990, p. 186; (10) Domenico Mondrone, *El Padre Poveda*, Paulinas, Madri, s.d., p. 245; (11) cf. Cárcel Orti, *La persecución...*, p. 234; este autor recolhe os dados da conhecida obra de A. Montero, *Historia de la persecución religiosa en España (1936--1939)*, BAC, Madri, 1961, que são aceitos por todos os historiadores; sobre a queima de conventos, cf., entre outros, J. Arrarás, *Historia de la Segunda República Española*, Nacional, Madri, 1956, vol. I, pp. 73-100; L. Galmes, *Testigos de la fe en España*, Ed. Católica, Madri,

Os santos, pedras de escândalo

1982; (12) cf., p. ex., Saturnino Gallego, *Vida y pensamiento de San Juan Bautista de la Salle*, BAC, Madri, 1986; Gallego procede a uma extensa investigação sobre a verdadeira identidade do perseguidor do Santo; Blain, o biógrafo de São João Batista, evita citar o seu nome, utilizando dados confusos ou ambíguos, porque afirma que esse homem agia de boa fé e era «de piedade sólida e comprovada»; (13) São João de Ávila, *Vida*, em *Obras completas del maestro Juan de Ávila*, BAC, Madri, 1970, p. 49; (14) Crisógono de Jesús, *Vida de San Juan de la Cruz*, em *Vida y obras de San Juan de la Cruz*, BAC, Madri, 1966, p. 189; (15) Santo Afonso Maria de Ligório, *Prática do amor a Jesus Cristo*, p. 478; o comentarista explica que a razão da resistência de São Filipe a essa mudança de casa «era que não queria ser chamado Fundador nem queria afastar-se de um lugar onde tantos méritos podia alcançar e alcançou»; cf. Bacci, *Vita*, cap. 18, n. 2; (16) João XXIII, *Diário de uma alma e outros escritos piedosos*, Cristiandad, Madri, 1964, p. 221; estes parágrafos fazem parte das anotações que fez durante um retiro prévio à ordenação como diácono; (17) Saturnino Gallego, *Vida y pensamiento de San Juan Bautista de la Salle*, BAC, Madri, 1986; (18) *ibid.*, p. 367; (19) Pio XII, *Homilia na beatificação de Joana Jugan*, 18.05.1952; (20) I. Yáñez, *Cimientos para un edificio. Santa Rafaela María del Sagrado Corazón*, BAC, Madri, 1979, p. 781; (21) Santa Rafaela, *Carta a la Madre Purísima*, 1894; (22) Santo Alfonso Maria de Ligório, *Prática...*, p. 479; (23) J. Pérez de Urbel, *Año Cristiano*, vol. III, FAX, Madri, 1945, pp. 270-271; cf., entre outros, J. Heizmann, *Alfonso de Ligorio y los Redentoristas*, Sadifa, Estrasburgo, 1985; E. Dudel, *Un abogado de Nápoles*, El Perpetuo Socorro, Madri, 1968; (24) cit. por Barrios Moneo em vários autores, *Mujer Audaz*, BAC, Madri, 1973, p. 235; (25) A.M. Claret, *Cuenta que doy a mi director espiritual de lo que me ha ocurrido en el año de 1864*; (26) A.M. Claret, *Carta* de 15 de janeiro de 1864; (27) Josemaria Escrivá, *Artículos del Postulador*, n. 619, e *Amigos de Deus*, Quadrante, São Paulo, 2014, n. 301; sobre esse tema, cf., entre outros, Salvador Bernal, *Perfil do Fundador do Opus Dei*, Quadrante, São Paulo, 1978; A. Vázquez de Prada, *O Fundador do Opus Dei*, Quadrante, São Paulo, 1989; F. Gondrand, *Au pas de Dieu*, Éditions France-Empire, Paris, 1982; P. Berglar, *Opus Dei. Leben und Werk des Gründers Josemaría Escrivá*,

Notas

Salzburg, 1983; *Entrevistas com Mons. Escrivá*, 4a. ed., Quadrante, São Paulo, 2016; (28) J.M. García Lahiguera, *Testimonios sobre el Fundador del Opus Dei*, n. 1, Palabra, Madri, 1992; (29) P. Cantero Cuadrado, *Testimonios...*, n. 3; (30) Santa Teresa de Jesus, *Carta à Madre Maria de São José*, de 28.02.1577, em *Obras completas*, Ed. de Espiritualidad, Madri, 1984, p. 1581; (31) Santa Teresa de Jesus, *Carta ao padre Jerônimo Gracián*, de 08.08.1578, em *Obras completas*, pp. 1698-1699; (32) Santo Inácio de Loyola, *Pláticas de Coimbra 1561*, 9, 5; (33) Santa Teresa de Jesus, *Livro da Vida*, 40, em *Obras completas*; (34) Crisógono de Jesús, *Vida*, n. 18; (35) *ibid.*, p. 2091; (36) Santa Teresa de Ávila, *Caminho de perfeição*, 13, em *Obras completas*.

Contradições diversas

(1) Romano Guardini, *El Señor*, 6a. ed., Rialp, Madri, vol. I, pp. 88-89; (2) J.L. Illanes, *Nueva Revista*, abr.1992, p. 52; (3) cf., entre outros, K. Majdanski, *Un Obispo en los campos de exterminio*, Rialp, Madri, 1991; verb. *Maximiliano Kolbe*, em *Bibliotheca Sanctorum*, Città Nuova, Roma.

A «contradição dos bons»

(1) Santa Teresa de Jesus, *Carta ao padre Jerônimo Gracián*, 17.04.1578, em *Obras completas*; sobre Santa Teresa de Jesus, cf., entre muitos outros: Frei Luis de León, *Vida, muerte y milagros de Santa Teresa de Jesús*; *Processos de canonización y beatificación de Santa Teresa de Jesús*, Monte Carmelo, Burgos, s.d.; P. Silverio de Santa Teresa, *Vida de Santa Teresa*; Marcelle Auclair, *Teresa de Ávila*, Quadrante, São Paulo, 2017; (2) P. Milcent, *Juana Jugan*, o.c., p. 72; (3) M. González Martín, *Enrique de Ossó. La fuerza del sacerdocio*, BAC, Madri, 1983, p. 242; (4) Santa Teresa de Jesus, *Carta a D. Teotonio de Bragança*, de 16.01.1578, em *Obras completas*; (5) cit. em *Obras completas*, p. 1723; (6) *ibid.*; (7) Marcelle Auclair, *Teresa de Ávila*, p. 113; (8) Santa Teresa de Jesus, *Carta ao pe. Jerônimo Gracián*, de 21.08.1578, em *Obras completas*; (9) L.M. Grignion de Monfort, *Obras*, BAC, Madri, 1954, p. 22; (10) *ibid.*; (11) *ibid.*, p. 24; (12) *ibid.*, p. 25; (13) *ibid.*, p. 36; (14) *ibid.*, p. 40; (15) *ibid.*;

Os santos, pedras de escândalo

(16) cit. por Barrios Moneo, *Mujer audaz*, p. 231; (17) *Autobiografía*, p. 319; (18) cit. por B. Moneo, *Mujer audaz*, p. 232; (19) *ibid.*; (20) *ibid.*, p. 237; (21) *ibid.*, p. 236; (22) *ibid.*, p. 237; (23) *ibid.*; (24) São João Bosco, *Memorias del Oratorio*, BAC, Madri, 1960, p. 431; cf. também São João Bosco, *Obras fundamentales*, BAC, Madri, 1979; (25) *ibid.*, p. 430; (26) *ibid.*; (27) *São José Benedito Cottolengo, Fundador de la Pequeña Casa de la Divina Providencia, en Turín*, Ed. Paulinas, 1960, p. 66; podem-se encontrar exemplos semelhantes em J. Ricart Torres, *San José Oriol*, Casulleras, Barcelona, 1958, p. 26; Sorror Ângela da Cruz, *Escritos íntimos*, BAC, Madri, 1982, pp. 396-397; (28) *ibid.*, pp. 67-68; (29) *Entrevistas com Mons. Escrivá*, n. 64; (30) Peter Berglar, *Opus Dei...*, p. 225; (31) J. López Ortiz, *Testimonios...*, n. 6, p. 32. «Também procediam — acrescenta López Ortiz — de um grupo de professores universitários que distorciam o apostolado que o Opus Dei fazia entre os intelectuais. A eles se somou, já no ano de 1942, a Falange, que queria politizar a Obra»; (32) *ibid.*, p. 38; (33) Salvador Bernal, *Perfil do Fundador do Opus Dei*, p. 324; (34) *ibid.*, pp. 325-326; (35) cf. Josemaria Escrivá, *Caminho*, 11a. ed., Quadrante, São Paulo, 2016, n. 178; (36) J.A. Ezcurdia Lavigne, *Ignacio y Josemaría*, em *Diario Vasco*, San Sebastián, 21.05.1992, p. 22; (37) cf. Pedro Poveda, *Escuelas del Sagrado Corazón establecidas en las Cuevas de la Ermita Nueva de Guadix*, abr.1904; (38) *ibid.*, p. 20, n. 22.

A incompreensão de alguns eclesiásticos

(1) P. Stella, verb. *Salesianos*, em GER, tomo XX, Rialp, Madri, 1979, p. 717; (2) *ibid.*, p. 719; (3) P. Stella, verb. *Juan Bosco*, em GER, tomo XIII, Rialp, Madri, 1979, p. 555; (4) H. Wast, *Don Bosco y su tiempo*, Palabra, Madri, 1987, pp. 377-378; (5) *ibid.*, p. 378; (6) *ibid.*, p. 383; (7) *ibid.*, p. 385; (8) *ibid.*, p. 387; (9) *ibid.*, p. 399; (10) *ibid.*, p. 401; (11) cf. B. Moneo, *Mujer Audaz*, p. 235 e *Autobiografía*, p. 413; (12) *Autobiografía*, p. 413; (13) *ibid.*, p. 348; (14) J.M. Dalp, *Mujer Audaz*, p. 243; (15) V. de la Fuente, *Mujer audaz*, p. 243; (16) *ibid.*; (17) *ibid.*; (18) João XXIII, *Diário de uma alma...*, pp. 136-137; Loris Capovilla faz um comentário que nos permite descobrir a causa dessa «cruz»: a divergência de opinião entre alguns membros da Hierarquia e mons.

Notas

Roncalli, durante a sua permanência como núncio na Turquia, sobre algumas questões litúrgicas, como o «Bendito seja Deus» em turco; (19) D. Mondrone, *Il Cardinale Andrea Ferrari*, em *I santi ci sono ancora*, em *Pro sanctitate*, vol. IX, p. 197; cf. também A. Novelli, *Un vescovo: Il cardinale Andrea C. Ferrari, arcivescovo di Milano*, Lega Eucarística, Milão, 1929; P. Dore, *Il Cardinale Ferrari*, Florença, 1929; (20) J.M. Javierre, *Pío X*, Juan Flors, Barcelona, 1952, pp. 278-280; (21) D. Mondrone, *Il Cardinale Andrea Ferrari*; (22) cit. em Peter Berglar, *Opus Dei...*, p. 225; (23) L. Castán Lacoma, *Testimonios...*, n. 8, p. 16; (24) J.M. Bueno Monreal, *Testimonios...*, n. 3, p. 36; (25) A. de Fuenmayor e outros, *El itinerario jurídico del Opus Dei*, Eunsa, Pamplona, 1989, pp. 92-93; (26) Salvador Bernal, *Perfil do Fundador do Opus Dei*, p. 331; (27) Santa Teresa de Jesus, *Carta às Madres Carmelitas Descalças de Sevilha*, em *Obras Completas*, p. 1749; (28) C. Bau, *San José de Calasanz*, em *Revista Calasancia*, Salamanca, 1967, pp. 113-114; (29) J.M. Garganta, verb. *Santo Domingo de Guzmán*, em GER, tomo VIII, Madri, 1979, p. 72; cf., entre outros, M.H. Vicaire, *Historia de Santo Domingo*, Barcelona, 1964; *Santo Domingo de Guzmán visto por sus contemporáneos*, BAC, Madri, 1946; (30) cf. L. de Aspurz, verb. *San Francisco de Asís*, em GER, tomo X, Rialp, Madri, pp. 486-488; P. Bargelini, *San Francisco de Asís*, Rialp, Madri, 1959; (31) J.L. Illanes, *Un santo del siglo XX*, p. 55; (32) *Mujer audaz*, p. 236; (33) L.M. Grignion de Monfort, *Obras*, p. 23.

Denúncias perante os tribunais eclesiásticos

(1) Marcelle Auclair, *Teresa de Ávila*, pp. 112-113; (2) «Não que o Santo tenha escrito de próprio punho as suas memórias — lê--se na Introdução das *Obras Completas de Santo Inácio de Loyola*, BAC, Madri, 1963, p. 68 —; mas a reprodução das suas palavras é tão fiel que é como se ele mesmo as tivesse escrito»; (3) Santo Inácio de Loyola, *Obras Completas*, p. 137; (4) *ibid.*, p. 139; (5) São João de Ávila, *Obras completas del Santo Maestro*, vol. I, BAC, Madri, 1970; (6) J. Pérez de Urbel, *Año Cristiano*, pp. 458-459; (7) S. Giner, *El processo de beatificación de San José de Calasanz*, ICCE, Madri, 1973, p. 28; (8) *ibid.*, p. 29; (9) Pérez de Urbel, *Año Cristiano*, p. 462; (10) *ibid.*; (11) *ibid.*; (12) cf. *Sumario mayor.*

Os santos, pedras de escândalo

Animadversiones, pp. 15-16, cit. por C. Bau, *San José de Calasanz*, p. 312; (13) cf. texto em C. Bau, *Revisión de la vida de San José de Calasanz*, Madri, 1963, pp. 3-9; (14) Bau oferece um resumo deste longuíssimo memorial na sua biografia crítica, pp. 948-951; (15) Pérez de Urbel, *Año Cristiano*; (16) cf. J. Sàntha, *Cómo se llegó al Decreto «In Causa Patris Marii»* (15-I-1643), em *Ensayos críticos*, n. 23, pp. 278-281; e C. Bau, *San José de Calasanz*. Bau é autor de uma exposição de biografias sobre Calasanz, *Revisión de la vida de San José de Calasanz*, Madri, 1963, pp. 3-9; (17) Pérez de Urbel, *Año Cristiano*, p. 462; (18) S. Giner, *El processo de beatificación...*, p. 31; (19) E. Monnerjahn, *José Kentenich. Una vida para la Iglesia*, Encuentro, Madri, 1985; palavras do padre Kentenich ao reitor de um seminário alemão em 1920, p. 264; (20) *ibid.*, p. 244; (21) *ibid.*, p. 249; (22) *ibid.*, p. 262; (23) *ibid.*, p. 265; (24) *ibid.*, p. 266; (25) *ibid.*, p. 269.

Acusações de ex-membros

(1) Marcelle Auclair, *Teresa de Ávila*, p. 262; (2) *ibid.*, p. 262; (3) *ibid.*, p. 270; (4) *ibid.*, p. 270; (5) M. Henry-Coüannier, *San Francisco de Sales*, Rialp, Madri, 1959, p. 402; (6) *ibid.*, pp. 403-404; (7) cf. *San Vicente de Paúl*, BAC, Madri, 1960, p. 547; (8) algumas dessas declarações são analisadas por Gómez Pérez no seu livro *El Opus Dei. Una explicación*, Rialp, Madri, 1992, pp. 98-205; (9) Álvaro del Portillo, *Entrevista*, em *ABC*, 09.05.1992, p. 92; (10) Josemaria Escrivá, *É Cristo que passa*, 4a. ed., Quadrante, São Paulo, 2014, n. 67-68.

Difamações através de panfletos e da imprensa

(1) S. Ramírez, *Introducción general a la Suma Teológica*, p. 20; (2) *ibid.*, p. 23; (3) São Francisco de Sales, *Cartas Espirituales*, Litúrgica española, vol. I, Barcelona, 1930, p. 17; (4) *El Clamor Público*, n. 2061, 02.04.1851, p. 3, col. 3; (5) *El Observador*, n. 962, 11.04.1851, p. 2, col. 2; (6) *Las Novedades*, n. 711, 22.05.1853, p. 3, col. 3; (7) *La Esperanza*, n. 2635, 28.05.1853, p. 4, col. 2; (8) *Mujer Audaz*, p. 340; (9) *ibid.*; (10) *ibid.*, p. 240; (11) *ibid.*, p. 239; (12) *ibid.*, pp. 346-348;

Notas

(13) *ibid.*, p. 344; (14) *ibid.*, p. 345; (15) Antonio Rodilla, cit. em Salvador Bernal, *Perfil do Fundador do Opus Dei*, pp. 323-324; (16) cf. sobre essa questão a entrevista com Flávio Capucci em *«Vida Nueva»*, *El «Beato» Escrivá de Balaguer ¿signo de contradicción?*, nn. 1837--1838; (17) D. Mondrone, *El Padre Poveda*, p. 268; cf. também, do mesmo autor, *I santi ci sono ancora*, em *Pro sanctitate*, vol. IX, pp. 268-292; (18) *ibid.*

Relacionamento com o poder público

(1) Andrés Vázquez de Prada, *Sir Tomás Moro*, Rialp, Madri, 1989, p. 284; (2) São Francisco de Sales, *Cartas Espirituales*, vol. II, p. 99; (3) S. Ramírez, *Introducción general...*, pp. 28-29; (4) Santo Antonio Maria Claret, *Autobiografía*, em *Escritos*, n. 620, p. 330; (5) *ibid.*, n. 620, p. 331; (6) fala disso também em *Luces y gracias*, 1864; (7) Santo Antonio Maria Claret, *Autobiografía*, em *Escritos*, n. 620, p. 445; (8) *ibid.*; (9) E. Gagnon, prólogo a *Un obispo en los campos de exterminio*, Rialp, Madri, 1991; (10) J. Mindszenty, *Memorias*, Caralt, Barcelona, 1974; (11) *ibid.*, p. 38; (12) *ibid.*, p. 162.

As vocações jovens

(1) João Paulo II, *Discurso* em Limerick, 01.10.1979; (2) cf. São João Crisóstomo, *Sobre o sacerdócio* em *Obras de San Juan Crisóstomo*, vol. I, BAC, Madri, 1958, pp. 608-609; (3) A. Morta, *Introdução a Obras de Santa Catalina de Siena*, BAC, Madri, 1955, p. 28; (4) J. Pérez de Urbel, *Año Cristiano*, vol. II, pp. 227-240; (5) *ibid.*, pp. 430-442; (6) S. Ramírez, *Introducción general...*, p. 4; (7) J. Pérez de Urbel, *Año Cristiano*, pp. 665-675; (8) P. Bargellini, *San Francisco de Asís*, Rialp, Madri, 1959, pp. 48-49; (9) *ibid.*, pp. 30-38; (10) J. Pérez de Urbel, *Año Cristiano*, pp. 178-179, e H. Coüannier, *San Francisco de Sales*; (11) cf. J. Pérez de Urbel, *Año Cristiano*, pp. 67-73; (12) tratei mais extensamente deste assunto em *La vocación de los hijos*, Palabra, Madri, 1988, e em *Toda la vida a una carta*, Palabra, Madri, 1989; (13) Sor Ángela de la Cruz, *Escritos íntimos*, BAC, Madri, 1982, p. 397; (14) M.D. Gómez Molleda, *Los reformadores de la España contemporánea*, C.S.I.C., Madri, 1966, p. 429; cit. em

Yáñez, *Cimientos para un edificio...*, p. 640; (15) Yáñez, *Cimientos para un edificio...*, p. 641; (16) card. Höffner, entrevista na KNA, Colônia, 23.08.1984; (17) *Cautivos de Dios. Familias, expertos y religiosos denuncian el sectarismo de algunos grupos apoyados por la Iglesia Católica*, em «Cambio 16», n. 1045, dez.1991, pp. 14-16.

O caráter dos santos

(1) J.M. Javierre, *Sor Ángela de la Cruz*, pp. 72-79; (2) J. Urteaga, *Los defectos de los santos*, Rialp, Madri, 1978; (3) Álvaro del Portillo, *Entrevista*, em *ABC*, 09.05.1992, p. 52; (4) G.-M. Garrone, *Lo que creía Juana Jugan*, Herder, Barcelona, 1980, p. 69; (5) cit. em Yáñez, *Cimientos pra un edificio*, pp. 782-783; (6) *ibid.*, p. 779; (7) *ibid.*, p. 782; (8) *Mujer Audaz*, p. 237; (9) *ibid.*, p. 238; (10) *ibid.*; (11) *ibid.*; (12) São João Bosco, *Memorias del Oratorio*, em *Obras Fundamentales*, p. 431; (13) *ibid.*, p. 440; (14) J. Douillet, *¿Qué es un santo?*, Casal i Vall, Andorra, 1959, p. 134; (15) P. Bargellini, *Los santos también son hombres*, Rialp, Madri, 1964; (16) F.W. Faber, cit. por A. Roche, *Los santos fueron humanos*, Paulinas, p. 24; sobre este mesmo aspecto, cf. J. Boneta e Laplana, *Gracias de la gracia*, Casulleras, Barcelona, 1955; J. Demoulín, *Riámonos con los santos*, vol. XII, Eler, Barcelona, 1964; (17) M. Henry-Coüannier, *San Francisco de Sales*, p. 52; (18) A. Roche, *Los santos fueron humanos*, p. 20; (19) *ibid.*, pp. 20-21; (20) J. Pérez de Urbel, *Año Cristiano*, vol. III, p. 745; (21) *ibid.*, p. 31; (22) São Jerônimo, *Cartas*, BAC, Madri, 1970, p. 23; (23) Santa Catarina de Sena, *Carta 344*; (24) A. Roche, *Los santos fueron humanos*, p. 30; (25) *ibid.*, p. 17; (26) Santa Teresa de Jesus, *Carta ao Padre Jerônimo Gracián*, em *Obras Completas*, Fragmentos ácronos; (27) Santa Teresa de Jesus, *Carta à M. Maria de São José*, de 28.03.1578, em *Obras Completas*, p. 1665; (28) Santa Teresa de Jesus, *Carta ao Padre Jerônimo Gracián*, de 15.06.1576, em *Obras Completas*, p. 1405; (29) A. Vázquez de Prada, *Sir Tomás Moro*, p. 300; (30) declaração de São Vicente no processo de canonização de São Francisco de Sales, em *San Vicente de Paúl. Biografía y Selección de Escritos*, BAC, Madri, 1955, p. 132; (31) *ibid.*, p. 132; (32) *ibid.*, p. 133; (33) J. Pérez de Urbel, *Año Cristiano*; (34) *ibid.*, vol. I, p. 448; (35) Santa Catarina, *Carta 335*; sobre esse assunto, cf. Giovanna della Croce, *Catalina de Siena, soledad en el bullicio*, em «Revista de

Notas

Espiritualidad», ano 33, vol. 33, 1974, pp. 59-67; (36) A. Roche, *Los santos fueron humanos*, p. 62; (37) Josemaria Escrivá, *É Cristo que passa*, n. 76; (38) cf. A. Wojtczak, *Angela Salawa*, Roma, 1984; Ângela Salawa, *Il diario*, Roma, 1985; (39) Santa Micaela, *Autobiografía*, p. 316; cf. também J. Pérez de Urbel, *Santa Micaela, o la Madre Sacramento*, em *Año Cristiano*, vol. III, p. 428; (40) J.M. Javierre, *Pio X*, pp. 190-191; (41) A. Roche, *Los santos fueron humanos*, p. 639; (42) F. Trochu, *Bernadette Soubirous*, Herder, Barcelona, 1957, pp. 373-374; (43) *ibid.*, p. 421; (44) *ibid.*, p. 394; cf. notas do cônego Lemaitre, capelão de Saint-Gildard e Vice-postulador da Causa, cit. em *Bernadette*, p. 389; (45) M. Joulin, *Vida de Santa Teresita de Lisieux*, Paulinas, Madri, 1990, pp. 80-81; (46) J.F. Bellido, *Joven, cincuenta años después. Un encuentro con Don Orione*, Ciudad Nueva, Madri, 1990, p. 35; (47) card. Bueno Monreal, *Testimonios...*, n. 3, p. 24; (48) J.M. García Lahiguera, *Testimonios...*, n. 1, pp. 23-25; (49) Santiago Escrivá, *Mi hermano Josemaría*, em *ABC*, 17.05.1992; (50) *San Vicente de Paúl. Biografía y...*, p. 548; (51) D. Mondrone, *El Padre Poveda*, n. 262, p. 157; (52) A. Dalla Vedova, *Giuseppe Moscati medico santo*, La parola, 1987, p. 52; cf. também, entre outros, G. Pasapogli, *Giuseppe Moscati «il medico santo»*, Città Nuova, Roma, 1975, e A. Marranzini, *Giuseppe Moscati, modello del laico cristiano di oggi*, Ave, Roma, 1989; (53) J.M. Pero-Sanz, *Sobre Roca*, Rialp, col. Patmos, Madri, 1991, p. 86.

Epílogo

(1) Frutaz, *¿Deben ser revisados los Procesos de Canonización de Santa Teresita del Niño Jesús y de la Santa Faz?*, Rev. del Monte Carmelo, 1984; (2) cf., entre outros, Pietro Molla e Elio Guerriero, *Gianna, a mulher forte*, Rei dos Livros, Lisboa, 1995.

Direção geral
Renata Ferlin Sugai

Direção editorial
Hugo Langone

Produção editorial
Juliana Amato
Gabriela Haeitmann
Ronaldo Vasconcelos

Capa
Gabriela Haeitmann

Diagramação
Sérgio Ramalho

ESTE LIVRO ACABOU DE SE IMPRIMIR
A 16 DE OUTUBRO DE 2023,
EM PAPEL IVORY SLIM 65 g/m^2.